人生大学讲堂书系

人生大学榜样讲堂

文艺大师的情操风范

WENYI DASHI DE QINGCAO
FENGFAN

拾月 主编

主　编：拾　月
副主编：王洪锋　卢丽艳
编　委：张　帅　车　坤　丁　辉
　　　　李　丹　贾宇墨

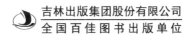

吉林出版集团股份有限公司
全国百佳图书出版单位

图书在版编目（ＣＩＰ）数据

文艺大师的情操风范 / 拾月主编. -- 长春：吉林出版集团股
份有限公司，2016.2（2022.4重印）
（人生大学讲堂书系）
ISBN 978-7-5581-0728-3

Ⅰ. ①文… Ⅱ. ①拾… Ⅲ. ①文艺工作者－生平事迹－世界－
青少年读物 Ⅳ. ①K815.7-49

中国版本图书馆CIP数据核字（2016）第041353号

WENYI DASHI DE QINGCAO FENGFAN

文艺大师的情操风范

主　　编	拾　月	
副 主 编	王洪锋　卢丽艳	
责任编辑	杨亚仙	
装帧设计	刘美丽	

出　　版	吉林出版集团股份有限公司	
发　　行	吉林出版集团社科图书有限公司	
地　　址	吉林省长春市南关区福祉大路5788号　邮编：130118	
印　　刷	鸿鹄（唐山）印务有限公司	
电　　话	0431-81629712（总编办）　0431-81629729（营销中心）	
抖 音 号	吉林出版集团社科图书有限公司　37009026326	

开　　本	710 mm×1000 mm　1 / 16
印　　张	12
字　　数	200 千字
版　　次	2016 年 3 月第 1 版
印　　次	2022 年 4 月第 2 次印刷

书　　号	ISBN 978-7-5581-0728-3
定　　价	36.00 元

"人生大学讲堂书系" 总前言

昙花一现，把耀眼的美只定格在了一瞬间，无数的努力、无数的付出只为这一个宁静的夜晚；蚕蛹在无数个黑夜中默默地等待，只为了有朝一日破茧成蝶，完成生命的飞跃。人生也一样，短暂却也耀眼。

每一个生命的诞生，都如摊开一张崭新的图画。岁月的年轮在四季的脚步中增长，生命在一呼一吸间得到升华。随着时间的推移，我们渐渐成长，对人生有了更深刻的认识：人的一生原来一直都在不停地学习。学习说话、学习走路、学习知识、学习为人处世……"活到老，学到老"远不是说说那么简单。

有梦就去追，永远不会觉得累。——假若你是一棵小草，即使没有花儿的艳丽，大树的强壮，但是你却可以为大地穿上美丽的外衣。假若你是一条无名的小溪，即使没有大海的浩瀚，大江的奔腾，但是你可以汇成浩浩荡荡的江河。人生也是如此，即使你是一个不出众的人，但只要你不断学习，坚持不懈，就一定会有流光溢彩之日。邓小平曾经说过："我没有上过大学，但我一向认为，从我出生那天起，就在上着人生这所大学。它没有毕业的一天，直到去见上帝。"

人生在世，需要目标、追求与奋斗；需要尝尽苦辣酸甜；需要在失败后汲取经验。俗话说，"不经历风雨，怎能见彩虹"，人生注定要九转曲折，没有谁的一生是一帆风顺的。生命中每一个挫折的降临，都是命运驱使你重新开始的机会，让你有朝一日苦尽甘来。每个人都曾遭受过打击与嘲讽，但人生都会有收获时节，你最终还是会奏响生命的乐章，唱出自己最美妙的歌！

正所谓，"失败是成功之母"。在漫长的成长路途中，我们都会经历无数次磨炼。但是，我们不能气馁，不能向失败认输。那样的话，就等于抛弃了自己。我们应该一往无前，怀着必胜的信念，迎接成功那一刻的辉煌……

感悟人生，我们应该懂得面对，这样人生才不会失去勇气……

感悟人生，我们应该知道乐观，这样生活才不会失去希望……

感悟人生，我们应该学会智慧，这样在社会上才不会迷失……

本套"人生大学讲堂书系"分别从"人生大学活法讲堂""人生大学名人讲堂""人生大学榜样讲堂""人生大学知识讲堂"四个方面，以人生的真知灼见去诠释人生大学这个主题的寓意和内涵，让每个人都能够读完"人生的大学"，成为一名"人生大学"的优等生，使每个人都能够创造出生命中的辉煌，让人生之花耀眼绚丽地绽放！

作为新时代的青年人，终究要登上人生大学的顶峰，打造自己的一片蓝天，像雄鹰一样展翅翱翔！

人生大学榜样讲堂丛书前言

  生命如夏花般多彩绚丽，生活如山峦般催人攀登。历史的钟声在新世纪的节奏中激荡，成功的号角为有准备的人而吹响，稚嫩的新苗还需要汲取更多的阳光雨露，而榜样，正是新时代青年成长的指引，积聚力量的源泉。

  时光暗淡了岁月的影子，却定格了幸福的记忆；历史风化了沧桑的背影，却铭记了伟人的足迹；时代没有挽留踟蹰的过去，却留住了奋进的力量。面对挑战，面对希望，面对成功，每一个饱含激情的青少年都会跳动着时代的最强音符，释放出自己的全部能量。但在很多时候，智者的提醒，成功者的引导，都会成为我们前进道路上的捷径。因他们曾经用一往无前的坚持丈量出生命的高度，用自身的人格魅力传播着人生的正能量，用锲而不舍的努力奏响了时代的最强音。因为他们满怀美好，积聚力量，从未停下奋斗的脚步……

  榜样，如夜空中璀璨的群星，照亮我们前行的方向。榜样的力量是无穷的，以成功人士为榜样，我们可以找准人生的方向，收获成长的力量；榜样的力量是无穷的，古往今来，人类历史上涌现出了众多的成功人士，他们或睿智通达，或坚忍不拔，或矢志不渝，或勇于任事……这些成功人士犹如历史长河中的一颗颗明珠，绽放出绚烂夺目的光彩。

  假如你的成长中缺少了可以学习的榜样，一路上只有自己摸索前行，生命该是怎样的艰辛困苦。父母给予生命，老师传授知识，榜样赋予理想。我们已经拥有了生命，掌握了一部分的知识，剩下的就是找一个敦促我们为理想前进的榜样，来填补成长的空白，培养健康的身心。

  培根说过这样一句话："读史使人明智。"而历史，恰恰是由千千万万个杰出历史人物凝聚而成的。他们是某一个时代的骄傲，是一个民族的杰出灵魂。他们在自己的领域最大限度地发挥自己的灵性，守护着自己的理想，他们的名字将永远被写在历史上……

因此，对于青少年来说，向榜样看齐不仅能够增长知识、了解历史、陶冶情操，还可以汲取这些成功人士身上的优秀品质，使自己变得睿智。尤为重要的是，当我们走近名人，感受他们的心跳，感受他们的高尚情操，感受他们永恒的精神力量时，我们会在无形中重塑崭新的自我，让自己的意志更加顽强坚定、精神更加无私高尚、思想更加成熟出众。

很多当代思想家、教育家也都一致肯定，通过学习阅读人物传记，可以使青少年收获一个虚拟的"老师"和一个虚拟的"偶像"。这个"老师"可以扩展青少年的眼界、塑造青少年的心灵；而这个"偶像"可以引导青少年向名人学习，从而约束或改正自己的不良行为和不良嗜好……最终让青少年重新认识并规划自己的人生：激励自己，成长自己，升华自己！

本套《人生大学榜样讲堂》系列丛书包括《耀世名人的榜样力量》《时代先驱的求索道路》《文韬武略的沙场人生》《心灵导师的智慧人生》《文艺大师的情操风范》《科学巨擘的人生贡献》《医界英才的济世传奇》《探索英雄的传奇故事》《财富精英的创富密码》《精神领袖的人生坐标》10 本书，精选在各个领域中颇具代表性的成功人士的成长故事，为青少年的成长提供精神的营养、榜样的启迪。通过阅读《人生大学榜样讲堂》系列丛书，青少年不仅可以开阔眼界、增长见闻，还可以从榜样的经历中汲取拼搏的激情，领悟人生的真谛。本套丛书将每个榜样人物深刻地解读，字字值得品味，篇篇引人思索，让读者与书籍进行一次心灵的对话。读榜样故事，与大师交流，那些成功人士将指引你把握命运，点亮你智慧的火种，指引你前进的方向，激励你奋进的步伐，成就你美好的未来！

第1章 世事洞明——洞察人生哲学的文学领袖

第2章 止于至善——勾勒唯美瞬间的绘画大师

第7章　传递精神—— 树立人生信条的明星表率

第 1 章

世事洞明——洞察人生哲学的文学领袖

人们常说，当你想安静的时候就看看书，当你消沉的时候就写写字，可见文字和文化使我们的精神永远有一个支点。不管是在精神迷茫的时候，还是在情绪晦暗的时候，或者在我们陷入迷狂的激动时刻，文学总会给予我们可靠的心灵指引。这个规律从古至今，从中国到外国，都一直存在着。

第一节　心灵上永恒的神曲
——但丁

阿利盖利·但丁，13世纪末意大利诗人、作家，现代意大利语的奠基者，欧洲文艺复兴的开拓人物之一，以长诗《神曲》留名后世。他被认为是意大利最伟大的诗人，也是西方最杰出的诗人之一，全世界最伟大的作家之一。恩格斯评价说："封建的中世纪的终结和现代资本主义纪元的开端，是以一位大人物为标志的，这位人物就是意大利人但丁。"

新时代的第一位诗人

《神曲》是一部划时代的巨著，它代表了中世纪文学的最高成就，它的产生是与当时意大利的社会状况、诗人所具有的深厚学识和独特的个人经历分不开的。这部不朽巨著《神曲》，使但丁成为意大利文艺复兴时期的伟大先驱。恩格斯称其为"中世纪的最后一位诗人，同时又是新时代的最初一位诗人"。

但丁是意大利文艺复兴时期伟大的诗人。他1265年5月诞生于意大利佛罗伦萨一个破落贵族家庭里。但丁幼年时，他母亲就去世了，从此但丁变得沉默寡言，不爱说话，但他十分聪明好学，喜欢沉思。

但丁自幼拜著名学者拉丁尼为师，学习拉丁文、古典文学、修辞学，后来又勤奋自修，接触到拉丁诗人的作品、法国骑士传奇和普罗旺斯抒情诗。18岁时但丁已经是一位有着渊博知识的人了，他学会了作诗，写出了许多流畅动人的诗歌，他出众的才华很快就远近闻名。他的诗被一些音乐家谱上曲子在意大利的许多地方传唱。不久，他的父亲离开了人世，但丁成了孤儿。

但丁并不是书斋里的学者，而是迎着新时代的风暴，英勇斗争的自由战士。但丁的故乡佛罗伦萨是意大利当时最繁荣的工商业和文化中心，也是新兴的市民阶级同封建贵族激烈斗争的中心。但丁代表新兴的市民阶级，和旧的封建贵族做斗争，后来，他被推选为长老，成为佛罗伦萨六位执政官之一。不久，由新兴的市民阶级组成的执政党分化成黑、白两党，两党纷争不已。

但丁从维护佛罗伦萨的独立、自主，建立统一的意大利国家的立场出发，谴责黑、白两党之争。

1302 年，代表教会反动势力的黑党得势，他们以贪污和反对教皇的罪名，判处但丁终身流放，没收其全部家产。

为了返回故乡，同时也为了推翻黑党的反动统治，但丁发动 12 次武装斗争，结果都失败了。在此期间，但丁周游许多城市，到处访友、讲学，广泛接触意大利动乱的现实和平民阶层困苦的生活，加深了对祖国命运与人民生活的忧虑。他一方面对故乡深切思念，一方面又对现实状况极为不满，满怀愤怒和忧伤的但丁创作了大量作品，如《论俗语》、《帝制论》、《飨宴》、《神曲》等，其中以《神曲》最为著名。

《神曲》全诗分《地狱》、《炼狱》、《天堂》3 部，每部 33 歌，加上序曲，共 100 歌。长诗采用中古文学特有的幻游形式，以自叙体描述。诗中描述的是但丁在 1300 年，在一个黑暗的森林里迷失方向，黎明时他来到一座洒满阳光的小山脚下，忽然他看见 3 只野兽，张牙舞爪向他扑来，这 3 只野兽分别是象征淫欲的豹、象征强暴的狮和象征贪婪的狼。但丁高声呼救，正在危急之中，古罗马诗人维吉尔出现在他面前，原来他受但丁青年时代的恋人贝娅特亚齐的委托，前来搭救但丁走出迷谷，他表示愿意引领但丁走过地狱、炼狱和天堂。

维吉尔和但丁二人来到地狱和炼狱，地狱的形状好像一个大漏斗，共分 9 层，罪人的灵魂按生前所犯罪孽的大小，在不同的层级里接受不同的惩罚。

地狱的第 1 层是生前没有接受洗礼的教徒如诗人荷马、苏格拉底等人在等待上帝的裁判。第 2 层是犯贪色罪的灵魂在深谷里爬行，忍受残酷的刑罚。第 3 层是犯饕餮罪的灵魂，躺在泥坑里，听凭狂风暴雨的袭击。第 4 层是贪婪和挥霍无度的灵魂，如教士、主教和教皇等人彼此永远地辱骂、厮打。第 5 层是一潭污水湖，专门惩治生前易怒的灵魂。第 6 层是邪教徒三名复仇女神在烈火燃烧的坟墓里哀号痛哭。第 7 层是暴君、暴徒和生前施行暴力的灵魂，正在遭受火雨和热沙的煎熬。第 8 层分为十条恶沟，生前形形色色惯于欺诈的灵魂，如窃贼、伪君子、诱奸者、贪官污吏、放高利贷者，在这里分别接受各种最残酷的刑罚。第 9 层是一片冰湖，叛国卖主的奸贼都冰冻在湖里。

炼狱又称净界，它有 7 级，加上净界山脚和山顶地上乐园，共分 9 层。生前犯过错，但可以得到宽恕的灵魂，按人类 7 大罪过：骄傲、嫉妒、愤怒、懒惰、贪财、贪食、贪色，分别在那里忏悔罪过，洗涤灵魂，获得上帝的宽恕，一层层升向光明的天堂。在净界山顶的地上乐园，维吉尔隐退，一群女子载歌载舞地簇拥着一位高贵的女子走来，她就是贝娅特亚齐。这位昔日恋人引导但丁游历天堂，经过九重天，到达上帝面前。

《神曲》对古今政治、科学、哲学、诗歌、绘画、神学，作了精辟的阐述和艺术的总结。所以，《神曲》是一部反映当时社会政治生活各个领域状况、传授知识的巨著。

在《神曲》里，诗人以通俗的比喻，丰富的想象，戏剧性的情节，描绘出各种惊心动魄和神奇的景象，勾勒出人物外形和性格的特点，别具一格。其中有许多精彩的语言，如："人生本来不是为了像野兽一般活着，而是为了追求美德和知识""谁要是希望人的理性能够走遍三位一体的神所走的无穷的道路，谁就是疯子"等等，体现了作者深厚的驾驭语言的文字功底。

在近 20 年的流放生活中，但丁始终坚持自己的政治理想，不向反动势力屈服，断然拒绝佛罗伦萨统治者要他交纳罚款、宣誓忏悔，以取得赦免的要求。晚年的但丁为了写好《神曲》，接受了波伦塔家族圭多的好心邀请，居住在圭多的领地拉文纳，后来他的妻子也在圭多的帮助下辗转来到这里，这使得但丁的晚年得以享受天伦之乐，使但丁在幸福中终于把《神曲》完成。

听听小鱼说些什么

一次，但丁出席威尼斯执政官举行的宴会。听差捧给意大利各城邦使节的都是一条条肥大的煎鱼，给但丁的却是很小很小的鱼。

但丁没有表示抗议，也没有吃鱼。他用手把盘子里的小鱼一条条拿起来，凑近自己的耳朵听，好像听见了什么，然后再逐一放回盘子里。

执政官见状很奇怪，问他在做什么。

但丁大声说道："几年前，我的一位朋友逝世，举行的是海葬，不知他的遗体是否已埋入海底，我就挨个问这些小鱼，看它们知不知道情况。"

执政官问："小鱼说些什么？"。

但丁说："它们对我说，它们都还很幼小，不知道过去的事情，让我向同桌的大鱼们打听一下。"

执政官听后哈哈大笑起来，吩咐听差马上给但丁端一条最大的煎鱼来。

在现实社会中我们有时候也会受到不公正的待遇，对于别人的轻视也许我们满心愤怒一下子爆发，或者我们心中不快怀恨在心，而但丁却采取了一种更聪明的做法。他凭借自己的幽默和才华挽回了自己的尊严，这种淡定、智慧的处事方式无疑是值得我们学习的。

惊人的记忆力

但丁年轻的时候，喜欢在他的家乡翡冷翠（佛罗伦萨）的广场上仰天枯坐。尤其是在仲夏之夜，他常常伴着满天的星斗坐到天明。

一天晚上，有个陌生人径直向但丁走去，躬下身说道："久仰您的诗名，知道您是翡冷翠的骄傲。在下承诺回答一个问题，但苦于自己学识浅薄，无法解答，特请先生襄助。我要回答的问题是：世上最好吃的东西是什么？"

"鸡蛋。"但丁脱口而出。

那人点点头走了。

几年之后的某一天，但丁仍然坐在那个广场上仰望星空，还是那个陌生人走上前去，继续数年前的对话："那么，如何烹调呢？"

但丁看了来人一眼，不假思索地回答道："放一点盐。"

世界上的人和事物都各有特点，只要我们用心观察、善于铭记就一定会发现生活中别人难以发现的东西。但丁之所以能写出许多不朽的著作，应该也与此有关吧。如此，我们有什么理由不关心、不热爱生活呢？

第二节　批判文学的奠基人
——巴尔扎克

奥诺雷·德·巴尔扎克，法国小说家，被称为"现代法国小说之父"，生于法国中部图尔城一个中产者家庭，1816年入法律学校学习，毕业后不顾父母反对，毅然走上文学创作道路。几经坎坷和波折，1829年，巴尔扎克发表长篇小说《朱安党人》，迈出了现实主义创作的第一步，1831年出版的《驴皮记》使他声名大震。他要使自己成为文学事业上的拿破仑，在19世纪30至40年代以惊人的毅力创作了大量作品，一生创作甚丰，写出了91部小说，合称《人间喜剧》。《人间喜剧》

被誉为"资本主义社会的百科全书"。

童年就拥有倔强的理想

巴尔扎克小时候很爱好文学，父亲却硬要他学习法律。他就是不服从父亲的旨意，父子之间常为此事发生冲突。

一天，父亲再也按捺不住气愤，质问巴尔扎克："我让你学习法律，你为什么要学习文学？"

"爸爸，您知道，我对法律是毫无兴趣的。"巴尔扎克非常亲切地对父亲说。

"毫无兴趣！"父亲暴怒得快要跳起来，"你有兴趣的是什么？是文学！搞文学谈何容易，我看你根本不是搞文学的料！"

"那不一定！"巴尔扎克摇摇头，非常自信地说："一个人的成功，往往取决于他的信心和努力。"

"信心和努力？那好，从今天起，你就搞你的文学吧！"

"好！"巴尔扎克斩钉截铁地、倔强地回答。

从此，巴尔扎克被父亲关在房子里，整天埋头写作。这期间，他写了一个历史剧，由于自己的阅历有限，对剧本的特点了解不够，没有成功。但巴尔扎克并没有丧失信心，他坚信，只要有决心、肯努力，一定能在文学上取得成绩。

一段时间的写作实践使巴尔扎克感到自己的知识和经验都很浅薄，于是，他拼命阅读世界文学名著，广泛地接触社会和了解人生。他天天出入于图书馆和书店，总是来得最早，离开最晚。

有一次，他在图书馆里翻阅资料，边看边记，忘记了时间。图书馆的人员下班了，也忘记招呼巴尔扎克一声。第二天早晨，图书馆的人员来上班了，发现巴尔扎克还在边看边记。可见，为了读书，巴尔扎克真到了废寝忘食的地步。

巴尔扎克在一部小说中需要描写一个打架斗殴的情节，就到街上去观察。好不容易遇到两个青年人争执，他就故意从中煽风点火，想让两个人打起来。谁知两人看穿了他的"诡计"，合起来把他轰走了。

巴尔扎克写起文章来就闭门谢客，甚至家里人他也不让进他的书房。有一次他把屋门锁了，从窗户跳进屋里，再把窗紧闭上。来访的人见门上落了锁就自动回去了。

经过几年的努力，巴尔扎克出版了小说《朱安党》，赢得了法国文学界的一致赞扬。以后他又陆续完成了《人间喜剧》等97部小说，确立了他在法国文学史和世界文学史上的地位。

跟随自己的心，为了理想而不懈努力是巴尔扎克能够成功的原因，而信心和努力最终成就了巴尔扎克。世上无难事，只怕有心人，只要我们多一点勇气，多付出一点努力，何愁得不到自己应有的回报呢？

永远的巴尔扎克

从1829到1849年，也就20年工夫，巴尔扎克写出了1200万字的作品，也就是说他平均每年要写60万字，如果再将他不停修改的字数也包括在内，当数倍于这个净值。据说，巴尔扎克的出版商每次给他送校样，按他的要求，每页必须留下足够的空白，以便他修改，而且都要改上好几次甚至十几次才能定稿。

"他的笔迹极难辨认，他就叫人用废旧铅字印成长条校样，然后在上面进行大量修改，修改之多使出版者不得不把修改费用算在巴尔扎克的账上，排字工人干巴尔扎克的活儿好比苦役犯服刑，干完这份苦差再去干别的工作，简直像在休息。"可见巴尔扎克拥有不辞辛苦、精益求精的精神。

巴尔扎克作为一个外国文人，最早将他介绍给中国读者的，倒是反对白话文的林纾。看来只要是真大师的好东西，无论旧派和新派，都能识货。鲁迅先生在1934年的《申报》的《读书琐记》中，更是给这位大师以极高评价："高尔基很惊服巴尔扎克小说里写对话的巧妙，虽然并不描写人物的模样，却能使读者看了对话，便好像目睹了说话的那些人。"他的结论是："中国还没有那样好手段的小说家。"

毋庸置疑，从 20 世纪起，在中国文学界，巴尔扎克便是一个响亮的名字。

改革开放，国门打开，人们眼睛一亮，在文学领域里，这世界上还有很多闻所未闻、见所未见的新事物。文学有竞争，自然也就有淘汰，作品有不朽，自然也就有湮没。但淘汰也好，湮没也好，和文学是否新潮或者守旧是没有什么关系的。无论文学怎样千变万化，其本质的部分，也就是时代要求于文学的，历史要求于文学的，以及审美功能所要求于文学的等等，这些应该是文学中必不可少的功课，大概是不会太变和大变的。因此，真正的文学永不过时，就像巴尔扎克以及他的巨作。

就像舞台上不可能全是主角一样，统统是主角的话，每一位都抢戏，这台戏干脆就演不下去。任何时代、任何地域的文学事业，都由极少数大师级的作家和绝大多数非大师的作家，共同来完成这场演出。大多数作家像过眼烟云一样，过去也就过去了，即或五十年间名噪一时的作家，到了一百年后，未必还能保持往年的风光。文学史上的名字，会长期保留，但读者的萃取率，随着时间的推移相隔愈远，筛选愈严，很多作家都会从普通读者的视野里无情地消逝。

《全唐诗》有数万首诗，有数千诗人，你能记住的，还不是那几位诗人、那几首诗？所以，即使 200 多年过去了，还不断有人纪念他，研究他，还有出版社出他的书，还有读者买他的书，能得到这样的不朽，只有极少数拥有天分和才华的作家。只有在作品中永远焕发着生命力的作家，才能获此殊荣。像巴尔扎克这样的文学大师，称得上"高山仰止"了。他是一座山，一座不可逾越的高山。这座山，能够使人"横看成岭侧成峰，远近高低各不同"的多层次、多侧面、多角度地体会他；这座山，能够使人"仁者见仁，智者见智"，如入宝山，绝不会空手而返，会获得良多教益。这种使后来人永远有话好说的作家，那才叫作真正的不朽。

这位法国最优秀的作家之一，在他 200 年诞辰的时候，还被人津津乐道，就因为他笔下那波澜壮阔、多姿多彩的画面对我们具有吸引力，就因为他在创作中投入的劳动，不停燃烧生命的热忱，对我们具有鼓舞力，而他在作品中那股"咬定青山不放松"的与时代契合的精神，对我们同样经历过复杂、艰难、动荡、险阻的大半个世纪的中国作家来说，或许更具有启示意义。

巴尔扎克生于 1799 年，死于 1850 年，他所生活的这半个世纪，是法兰西近代史上的多事之秋。他短暂的一生经历了拿破仑帝国、路易十八封建王朝和老拿破仑侄儿路易·波拿巴的第二帝国。他的《人间喜剧》，全景式地反映了剧烈动荡的社会变革时期，从巴黎到外省，从贵族到平民的法国生活。如果赞美《人间喜剧》写出了一份形象化的法国 19 世纪的历史，巴尔扎克是当之无愧的。

巴尔扎克用生命去燃烧手中的笔，去触摸世界，去感知时代，给后人留下一份历史的印迹。巴尔扎克之所以永远，这无疑是很重要的一点。

第三节　自然主义文学的鼻祖
——福楼拜

居斯塔夫·福楼拜，19 世纪中叶法国伟大的批判现实主义小说家，莫泊桑就曾拜他为师。著名作品有《包法利夫人》、《情感教育》和《布瓦尔和佩库歇》等。他对 19 世纪末及 20 世纪文学，尤其是现代主义文学的发展有着极其深远的影响。被誉为"自然主义文学的鼻祖""西方现代小说的奠基者"。

认真的态度，细致的观察

福楼拜是法国批判现实主义小说家，但他早年曾写过一些富有浪漫色彩的作品。父亲逝世后，他迁移到卢昂近郊的一处别墅里居住。福楼拜虽然住在这样美好的地方，但他的写作生涯却是十分艰苦的。他为使自己写出来的作品成为真正的精雕细琢的艺术品，经常整天整夜地把自己关在书屋内，不断地推敲文字。他对自己写出来的东西很少有满意的时候。他常常绝望而痛苦地说："写出这样的东西来，真应该打自己的嘴巴！"于是，他带着难以排除的烦恼陷入沉思。准备再作修改。

他在给朋友的信中说："转折的地方，只有八行……却花了我八天时间。""已经快一个月了，我还在寻找那恰当的四五句话。""有些晚上，文句在我脑子里像罗马皇帝的辇车一样碾过去，我就被它的震动和轰响惊醒……""即使在游泳的时候，我也不由自主地斟酌着字句。"

莫泊桑在青年时期曾拜福楼拜为师。有一次，莫泊桑去拜访福楼拜，说对自己的创作没有太多的方向和选择，于是福楼拜建议他做这样的锻炼：骑马出去跑一圈，一两个钟头之后回来把自己所看到的一切记下来。莫泊桑按照这个办法锻炼自己的观察力有一年之久，最终写出了著名的短篇小说《点心》。

福楼拜认为，世界上没有两个苍蝇、两只手、两个鼻子是完全一样的，所以作者要分别描写它们时，就必须找出它们的不同点来。而基本功全在于认真和细致的观察。他曾对莫泊桑说："当你看见一个杂货店老板坐在门口，一个挑夫抽着一杆旱烟，或者一辆马车停在门前，你得把这老板和挑夫的姿态以及整个画面贴切地表现出来，而且通过你的笔，显示出他们的精神生活，使读者不至于把他们误认为另一个老板或另一个挑夫。谈到那匹拉车的马呢，你得用一个字使我知道这匹马和前后 50 匹马不同。"

要用一个字写出一匹马的特征来，当然很难做到，也许福楼拜夸张了，不过，要求用字的精练和准确一向是福楼拜信守的写作法则。他还对莫泊桑说过："我们无论描写什么事物，要说明它，只有一个名词；要赋予它运动，只有一个动词，要区别它的性质，只有一个形容词。我们必须不断地推敲，直到获得这个名词、动词、形容词为止。不能老是满足于差不多，不能逃避困难，用类似的词句去敷衍了事。"

人们观察事物的时候，往往只习惯于回忆前人对它的想法。而任何事物里，都有未曾被发现的东西。因此，对你所要表现的东西，必须长时间认真地观察它，以便能发现别人没有发现过和没有写过的特点，这样你才能写出属于你自己的作品。

独树一帜的"福氏"风格

福楼拜的作品具有自己的风格，总结起来具有以下几点：

第一，在选材上，他的作品都以日常生活故事或图景为内容，摹写日常生活中的人情世态。

平淡准确一如现实生活，没有人工的编排与臆造的戏剧性，不以惊心动魄的开端或令人拍案叫绝的收尾取胜，而是以一种真实、自然的叙述艺术与描写艺术吸引人。作者观察精细、善于开掘，能深刻地反映出生活的真实和社会的本质。篇幅虽短，蕴含极深，平淡小事，意义不凡。给人以小见大的艺术享受。

第二，情节虽不复杂，但构思布局非常精妙，别具一格。

在有的作品中，他甚至不用情节作为支架与线路，他总以十分纤细、十分隐蔽、几乎看不见的线索将一些可信的小事巧妙地串联起来，聪明而不着痕迹地利用最恰当的结构上的组合，把主要者突出并导向结局。这种情节淡化与生活图景自然化，是现代小说的一个特点。有的采取矛盾"层递法"，通篇小说起伏跌宕，有的一开始就造成极大的悬念，然后出人意料地急剧转折，让人觉得多姿多彩、生动有趣。

第三，在表现形式上，他不拘成法、不恪守某种既定的规则，自由自在地运用各种方式与手法。

在描述对象上，有时是一个完整的故事，有时是事件的某个片段，有时是某个图景，有时是一段心理活动与精神状态。既有故事性强的，也有情节淡化的甚至根本没有情节的。既有人物众多的，也有人物单一的，甚至根本没有人物的。在描述的时序上，有顺叙、有倒叙、有插叙。在描述的角度上，有客观描述的，也有主观描述的，有时描述者有明确的身份，有时又身份不明。描述方式的多样化与多变性，提高了叙述艺术的水平，大大丰富了小说的描述方式，增强了小说的可读性。

第四，人物形象的自然化与英雄人物的平凡化。

通过人物在日常生活中的自然状态与在一定境况情势下必然有的最合理的行动、举止、反应、表情，来揭示其内在的心理与性格真实。不回避英雄人物身上的可笑之处与缺点错误。人物性格都是通过情节开展自然而然地流露出来，很少斧凿痕迹。福楼拜喜欢采用自然朴素的白描手法，写景状物能抓住精髓，细致、准确、传神。

第五，语言规范、优美、清晰、简洁、准确、生动。

福楼拜主张小说家应像科学家那样实事求是，要通过实地考察进行准确的描写。同时，他还提倡"客观而无动于衷"的创作理论，反对小说家在作品中表现自己。在艺术风格上，福楼拜从不作孤立、单独的环境描写，而是努力做到用环境来烘托人物心情，达到情景交融的艺术境界。他还是语言大师，注重思想与语言的统一。他认为："思想越是美好，词句就越是铿锵，思想的准确会造就语言的准确。"又说："表达愈是接近思想，用词就愈是贴切，就愈是美。"因此，他经常苦心磨炼，惨淡经营，注意锤炼语言和句子。他的作品语言精练、准确、铿锵有力，是法国文学史上的"模范散文"之作。

对于一个文学家或作家来说，自己的写作风格是很重要的，它能够让读者一下就可以看出是出自谁之手，表现的是谁的胸襟。当然，也许我们不会都成为作家，或者都朝着文学的方向发展，但是对于我们平常写作文来说，也应该向福楼拜学习，将文章写出自己的味道。

第四节　谱写世界精神之曲
——海涅

海因里希·海涅，德国著名抒情诗人，被称为"德国古典文学的最后一位代表"。他以平常的词汇、普通的语句构造出思想深刻、生动优美的诗篇。在德国文学史上，既是作家又是思想家的不乏其人，但像海涅那样将二者完美地统一起来，而又没有让诗歌负担哲学的沉重的人，却不多见。

目标和信念最重要

德国著名诗人海涅年幼时并不是一名好学生，他的作文从来都是老师讥笑的话题，这一度使他对写作丧失了信心。一到语文课，他不是旷课，就是和同学打闹，甚至搞一些恶作剧，想方设法使老师出丑，有几次学校几乎要开除他。直到升入中学，这种状况才有所转变。

中学时期，尽管他仍写不好作文，但老师从他那跨越时空的大胆想象中，看到了一棵诗人的苗子，从此之后，老师再也没有强迫他写过一篇作文，并鼓励他说："就按照你自己的方式这样写下去，你一定能成为歌德一样伟大的诗人。"

"我能成为歌德一样伟大的诗人？"小海涅被老师的话震惊了，尽管他当时连歌德是个什么样的人都不知道，但他知道"伟大"是一个很了不起的词，因为他的父亲在说起"伟大"一词时，说的都是德国历史上那些名垂青史的英雄人物。

"能，一定能！"老师拉过小海涅的手说："不过有一条你要记住，你要向歌德学习。"小海涅记下了这句话，并相信了这句话。后来老师又不失时机地一步一步告诉他向歌德学什么，小海涅竟一丝不苟地按着老师的话去做。

老师说，说话要像歌德一样文明，他就再也没有说过一句污言秽语；老师说，要像歌德一样学好知识课，他上课认真听讲的程度就超过了班上任何一名学生；老师说，要勤思考、勤写作，他就专门为自己准备了写作的本子，一年要用掉好几本。

经过多年的努力，海涅真的写出了《北海纪游》、《德国，一个冬天的童话》和《旅行记》等在德国和其他国家文艺界产生过积极影响的诗歌和散文作品，被公认为是继歌德后德国最重要的诗人。

成名后的海涅给当时的老师写了一封充满感激之情的信，其中有这样一段话："后来我才知道，你给我讲的那些有关歌德的故事是不真实的，但他对我的益处却是真实的。正是有了一个又一个信念的激励，注定了我的昨天，也注定了我的今天。"

有时候我们会抱怨自己不优秀，说自己没有天赋。其实就像年少时候的海涅一样，天赋和基础对一个人的发展并不是最重要的因素。只要你自己升起信念的旗帜，让自己拥有前行的目标和方向，用信念激励自己的行动，你就会逐步走向成功。

影响力是智慧的体现

德国大诗人海涅是犹太人，常常因此遭到无端攻击。

有一次晚会上，一个旅行家对他说："我发现了一个小岛，那个岛上竟然没有犹太人和驴子！"他的言外之意很明显是在骂海涅是驴子。

而海涅不动声色地说："看来，只有你我一起去那个岛上，才会弥补这个缺陷！"海涅这个回答真是太妙了！又把那个旅行家骂自己的话巧妙地回击过去了。

这个故事当然不是鼓励青少年利用小聪明去骂人，而是告诉大家，只有心中有"大文章"，遇到问题的时候才会萌生出这种"小聪明"为自己解围。

海涅是一个难得的诗歌驾驭者，他曾坐于黑格尔的讲台下，聆听"世界精神"的圣音。

海涅是犹太人的后裔，多舛的历史潮流里，他没有成为迎浪的砥石，他悄悄地潜入海利根施塔特，在牧师戈特洛布·克里斯劳安·姑里姆的操持下受洗，把名字由哈里海涅改为海因里希·海涅。他放弃了他父亲的信仰，他选择了不幸。但受洗并没有提供给他进入欧罗巴大陆的"入场券"，在痛苦的生活旋律里，他以他的诗达到一切虚无的空名。

海涅是一个并不缺乏金钱的诗人，他向富有的伯父所罗门·海涅不断索取，他高额地出售自己的稿子，他向出版商尤利乌斯·卡姆佩勒索要尚未写出稿子的定金，他享受法兰西政府提供给他的养老金，他任意挥霍。他并不是一个穷困的诗人，他不会因写诗而为求生存做苦苦挣扎。他自由穿梭于德意志意识的森林，用流利的德语建构他不朽的诗歌语体。

海涅制定自家精神的宪法，任意而为、放达而歌，他从巴黎以通讯记者的身份源源不断地向德意志输去满是火种的信息。他成为一个无惧的骑士，把诗歌作为他锋利的宝剑，向他所憎恨的黑暗重重刺去。

海涅，一个被误认为受卡尔·马克思影响至深的诗人，他模糊不清的言语，留给后人一个难解的谜。

海涅就是海涅，马克思偏爱海涅。海涅，一个伟大的德语诗人，一个不朽的精灵，就在1856年被一只蝴蝶引去，他去了另一个世界，去寻找那永恒的夜莺，留下了他的肉体在蒙马特尔公墓安息。除了他的文学造诣，他敢于表现自己和抨击社会不公的精神也是令人叹服的。

第五节　自由的奠基人
——卢梭

让·雅克·卢梭，法国伟大的启蒙思想家、哲学家、教育家、文学家，18 世纪法国大革命的思想先驱，启蒙运动最卓越的代表人物之一。主要著作有《论人类不平等的起源和基础》、《社会契约论》、《爱弥儿》、《忏悔录》、《新爱洛漪丝》、《植物学通信》等。

天赋人权的倡导者

《论人类不平等的起源》、《社会契约论》、《爱弥尔》等一部部经典巨著的发表，接二连三地震动法国、欧洲甚至整个世界。卢梭的思想在社会上引起巨大反响，他成为闻名于世的启蒙思想家、教育家、文学家、哲学家。

卢梭从小聪明机灵，虽然他没有像富家子弟那样受过系统教育，但特别爱读书的习惯使他成了一个知识丰富的人。

卢梭一生漂泊不定，生活在社会的最底层，饱尝人间的冷暖与辛酸。他对社会的不平等有很深的体会，对人类社会的发展史也作过深入的研究。1749 年夏季的一天，卢梭看到一则征文广告，题目是《科学和艺术的进步对改良风俗是否有益》。他当时就感到有许多思想不断地从心中涌现出来，冲击着自己的头脑，非得一吐而后快。他便兴奋地跑去与启蒙思想家狄德罗交换想法，狄德罗鼓励他写文章应征。

卢梭便从研究人类发展史着手，论述了人类社会所经历的变化等，没想到第二年他的应征论文获得了头等奖，卢梭的名气因之大震。后来，他又发表了《论人类不平等的起源与基础》，他在这篇文章中指出："自然界中很少有不平等的现象。当今流行的不平等现象是人类在求生存和进步的过程中，人为地逐渐衍生而成的。"

卢梭一生经历的社会底层的生活，是他与其他启蒙思想家们的生活经历所不同的地方，这也使得他能更加关注人的"自由、平等、人权"问题。卢梭认为："每一个人都生而自由、平等"。"不平等"并不是与生俱来的，而是后天形成的。为了深入阐明自己的观点，他那震动法国、欧洲乃至世界的巨著《社会契约论》终于问世。卢梭在这本巨著中强调，为了防止不平等的发生，"集体"权力和立法权、行政权等的运用，必须交由全体公民，即"主权属于人民"。主权既不可转让，也不可分割。政府只不过是据法律使用国家的力量而已，政府官员绝不是人民的主人，而只是人民的官吏，只要人民愿意就可以委任他们，也可以随时要求撤换他们。据此，卢梭反对君权神授的观点，反对专制制度。他认为专制必然造就暴君，暴君就是人民的公敌。他号召人民用暴力推翻暴君，夺回属于自己的"主权"，为捍卫自己的"天赋权利"，应该不惜流血、坐牢，乃至砍头。

卢梭大胆的主张引起了政府极大的恐慌，他们到处通缉卢梭，卢梭被迫四处流浪。然而卢梭的"革命"主张，已经深入到法兰西人民心中——只有革命，才能争回人权，才能维护人的尊严。在 1789 年，法兰西人民终于掀起了推翻暴君、争取民主、争取平等的大革命。

1757 年卢梭撰写的教育学名著《爱弥尔》出版，书中阐述了以自然主义为基础的教育思想。他那具有独创性的教育理论对后世产生了很大影响，他强调，以儿童为本位，按年龄组对儿童进行教育。这部被誉为儿童教育经典著作的书，一经出版便震惊世界，卢梭因此又受到当局的围攻。他们视这本书为异端邪说，因为当局害怕卢梭著作中的新思想，便查禁这本书，他们甚至废除了卢梭的永久性公民权。卢梭只得在国外到处躲藏。

坎坷的命运和不公正的待遇并没有阻碍卢梭成为伟大的思想家，一部部经典著作的问世彰显了卢梭的伟大人格和长远宽阔的眼光。落实到我们现在的生活中，对于一些错误的、落后的方法和思想，我们也要勇于推翻，这样才能使自己和社会乃至世界进步。

童年的卢梭初露头角

卢梭出生于瑞士日内瓦一个钟表匠的家庭。父亲是钟表匠，技术精湛；母亲是牧师的女儿，颇为聪明，端庄贤淑。母亲因生他难产去世。他一出生就失去了母爱，是由父亲和姑妈抚养大的。由于比他大 7 岁的哥哥离家出走，一去不返，始终没有音讯。这样，家里只剩下他一个孩子。

卢梭懂事时，知道自己是用母亲的生命换来的，他幼小的心灵十分悲伤，更加感到父亲的疼爱。他的父亲嗜好读书，这种嗜好无疑也影响了他。卢梭的母亲遗留下不少小说，父亲常常和他在晚饭后互相朗读，有时甚至要读到凌晨。在这种情况下，卢梭日复一日地读书，无形之中养成了读书的习惯，渐渐充实并滋养了他年幼的心灵。

7 岁的卢梭就将家里的书籍遍览无余。他还外出借书阅读，如勒苏厄尔著的《教会与帝国历史》、包许埃的《世界通史讲话》、普鲁塔的《名人传》、那尼的《威尼斯历史》、莫里哀的剧本等，他都阅读过。由于这些历史人物的典范影响和他父亲的谆谆教诲，卢梭深深体会到了自由思想和民主精神的可贵。他既有父亲的爱国血统，又以这些伟人为榜样，甚至言行之间常把自己比作那些历史中的人物。

有一天，他在桌旁叙说斯契瓦拉的事迹，在座的人惊讶地看到卢梭走上前去，把手放在熊熊燃烧的炉火之上，来表演斯契瓦拉的英雄壮举。这种早熟早慧的表现，正是卢梭特有天资的最初显露。

文人雅趣，崇尚自然

卢梭似乎早已形成一种漫游爱好。有一次他决定去攀登阿尔卑斯山，他觉得登临阿尔卑斯山的高峰真是件美妙的事。一路上，卢梭心情十分愉快。卢梭喜爱自然风光，沿途的美景尽收眼底，他将感情寄托于大自然，虽然身处漂泊之中，却没有精神空虚之感。凡是映入卢梭眼帘的东西，都令他内心感到一种醉人的享受。大自然的奇伟、多彩深深地影响了卢梭的人生观。

以后他又经历了多次旅行，不论是旅途中的美景，还是乡村的田园生活，都使他陶醉着迷。他热爱自然，崇尚自然。他最伟大的教师，并不是任何一种书籍，他的教师是"自然"。

从少年起，卢梭便酷爱自然。他曾不厌其烦地摹写这种热枕，将其表现于他的著作中。自然，渗透了他整个生命。华伦夫人是他的一位知己，他用华伦夫人某些清醒而夺人心目的特质，既表现了自身，也使他陷入剧烈的情绪，这在他较晚的生活中，显得特别明晰，且使他和东方的大神秘主义者呈现出相似之点。

第六节　寻找救赎的真谛
——马丁·路德

马丁·路德于 1483 年 11 月出生在日耳曼中部绍森儿亚的曼斯菲德附近的艾斯勒本——撒克森伯爵（选候）领地。他是 16 世纪欧洲宗教改革倡导者、基督教新教路德宗创始人。2005 年 11 月 28 日，德国电视二台投票评选最伟大的德国人，路德名列第 2 位，仅次于康拉德·阿登纳。

使宗教改革取得成功

马丁·路德 1483 年生于德国艾斯勒本，半年后全家搬到曼斯菲尔德。父亲汉斯·路德开始当矿工，以后成为小矿主、镇会议员。家庭宗教气氛浓厚。路德 7 岁进入当地一家拉丁文学校，1505 年他不顾父亲和同学们的劝阻，毅然决然地进入埃尔富特的奥古斯丁修道院，潜心修习神学。1512 年路德获神学博士学位，被聘为维登堡大学圣经学教授。在教学过程中，他反复研读罗马书的著作，认为人的灵魂得救仅靠个人的虔诚信仰，而不在于遵行教会规条。这就是以后形成路德教义核心的"因信称义"神学理论。

1517 年，教皇利奥十世借口修缮罗马圣彼得大教堂，派人到处兜售赎罪券，搜刮民财。其中一个叫特策尔的修士特别卖力，他周游德国，在兜售中大叫："只要购买赎罪券的钱一敲响钱柜，罪人的灵魂马上就可以从炼狱升入天堂。"他甚至要人们就是只剩一件衣服也应脱下来卖了买赎罪券。这种巧取豪夺、无耻欺骗的伎俩遭到各阶层群众的广泛谴责。1517 年 10 月，马丁·路德在维登堡教堂正门贴出用拉丁文写的《九十五条论纲》，反对兜售赎罪券，并要求在维登堡大学就他所提出的问题进行辩论。马丁·路德的行动揭开了席卷西欧的宗教改革的帷幕。

《九十五条论纲》一贴出，就引起了极大反响。论纲被译成德文，争相传抄，两个星期内传遍全国。一个当时的人说："它在 4 个星期内飞传整个基督教世界，好像天使在传送它们。"马丁·路德得到广泛的支持，萨克森选侯腓特烈也庇护着他。

1518 年 8 月，教皇命令路德到罗马受审，等待他的将是监禁或死刑。萨克森选侯利用自己的影响，使审判地点改在奥格斯堡。10月，审判由红衣主教、教皇特使卡杰旦主持。法庭上，路德引经据典，慷慨陈词，驳得卡杰旦无言以对。后来他在朋友的帮助下逃出。

1520年，马丁·路德先后发表3篇文章：《致基督教贵族公开信》、《教会的巴比伦之囚》和《论基督徒的自由》，阐述了自己的神学观点及与此相适应的组织原则和礼仪规定，为路德宗的建立奠定了基础。12月10日，许多学生和教师聚集在维登堡城外，高唱赞美上帝的歌，路德当众烧毁了教皇限他60天内低头认罪，否则开除教籍的通谕以及各种支持教皇权的著作和教会法令集。

1521年，教廷正式开除路德教籍。1521年初，皇帝查理五世在沃姆斯主持帝国会议，召路德到会。会上，各地诸侯纷纷发泄对教廷的不满，提出上百条意见。路德大义凛然，拒不认错，还在会上宣传自己的宗教主张。查理五世面对如此形势，只好让路德先逃离沃姆斯，然后再下逮捕令。萨克森选侯则暗中派人"绑架"路德到瓦特堡，大家心照不宣。路德在瓦特堡避居期间，把圣经译成德文，1522年9月德文本新约出版，1534年全部圣经译完，1542年出版，这对宗教改革、新教传播和德意志语言统一都有重大贡献。

从1521年开始，群众性宗教改革运动风起云涌。在托马斯·闵采尔领导下发展为伟大的德国农民战争。1522年路德回到维登堡，连续8次讲道，反对暴力，阐述了不愿靠暴力和流血来维持新教福音的观点，呼吁和平。

1529年，帝国会议在斯拜尔召开，会上天主教诸侯要求：天主教在新教地区享有全权，而新教在天主教地区将不受宽容；禁止教会财产进一步世俗化等。6个路德派诸侯和南德14个帝国城市提出抗议，以后路德宗和新教被称为"抗议派"。1530年，皇帝查理五世在奥格斯堡召开帝国会议，谋求天主教和路德派新教和解。会上，路德派提出信仰声明，天主教诸侯反对，路德的好友梅兰希顿答辩。皇帝支持天主教会，路德派以拉丁文、德文公布此声明，这就是梅兰希顿起草的《奥格斯堡信纲》。此时，路德仍受通缉，未能到会。

1531 年 2 月，7 个新教诸侯和 11 个帝国城市组成施马尔卡登同盟，与皇帝及天主教诸侯作战。1537 年新教诸侯与神学家再次在施马尔卡登开会，由于路德因病缺席，大会由梅兰希顿与黑森的新教诸侯菲力普主持，会议采纳了梅兰希顿起草的《奥格斯堡信纲》及奥格斯堡帝国会议上的答辩，路德起草的《施马尔卡登信纲》未被采纳。后来路德将自己未被采纳的信纲加以修改，并于 1538 年出版。此文共 21 条，主要列出新教与天主教之间的区别，成为路德宗脱离罗马天主教的正式宣言。

1538 年施马尔卡登同盟由于丹麦参加力量增强。同年皇帝与天主教诸侯组成天主教同盟。双方时战时和持续了 10 多年，1555 年达成妥协，在奥格斯堡帝国会议上确认：各邦诸侯有权决定其臣民的信仰（即"教随国定"），但教会诸侯一旦改变信仰就丧失其教会职位；帝国城市允许两种信仰等。遗憾的是，路德本人未能看见路德宗的胜利，他于 1546 年 2 月卒于艾斯勒本，安葬在维登堡教堂。

在德国宗教改革的推动下，路德宗逐渐传播到挪威、丹麦、瑞典各国并向世界各地发展，世界上有百余个国家有该宗信徒，这就打破了天主教会一统天下的局面。路德发动的宗教改革席卷西欧，对资产阶级反封建斗争的最终胜利有直接和间接的影响。

袒露最真实的自己

在许多人的想法中，伟人都是完美的，他的一切都是值得学习的。其实不然。路德有着充沛的精力和创新思想，这是他性格中颇为吸引人的地方。然而，他缺少自制力，有时候粗俗鄙野得到了令人难以置信的地步。当他发怒时，他会像失去理智的人那样讲话，他的言论中，有些真的是虚伪欺妄，有些则几乎是凶恶乖戾。因此基督教界是不肯出版未经删改的路德全集的。

路德的脾气有些暴躁，谁要是与他的看法不同，他都敌视他们有如仇人，恣意地侮谩对方。他并不是一个有系统的思想家，他自相矛盾但又不为所困。为了对抗天主教会，他做了圣经的三项驳辩，但是他却禁止他的同伙有不同的意见。

无数的社会动乱，虽然不是出自他的本意，但是他的偏激思想，却是真正的导因，他也曾经为他所亲眼看见的德国道德衰颓而悲伤，他蓄意想要改革教会，但是却造成了教会的分裂，这显然是他始料未及的。他愿意使在德国的教会摆脱罗马的宗教权力统治，结果却把各国的教会放在世俗君王的权力之下。使他更生气的，应该是他的徒弟之间的争斗，连他所坚持的"只要信，就能得救"以及圣体圣事的道理，也被他的门徒反对。他确实不愿意看到弟子分裂，但是路德言论本身就已经注定路德宗非分裂成无数的派系不可。

他自以为对圣经有精确研究，他只认定他个人对圣经的看法，不允许别人解释《圣经》，他实在缺少圣人的谦虚，他掘开了教会分裂的洪流，给信仰基督的世界造成了将近 500 年长久分裂的遗憾。

第七节　幽默的讽刺大师
——马克·吐温

马克·吐温，美国幽默大师、小说家、著名演说家。他一生写了大量作品，体裁涉及小说、剧本、散文、诗歌等各方面。马克·吐温是美国批判现实主义文学的奠基人，世界著名的短篇小说大师。他经历了美国从初期资本主义到帝国主义的发展过程，其思想和创作也表现为从轻快调笑到辛辣讽刺再到悲观厌世的发展阶段，前期以辛辣的讽刺见长，但到了后期语言更为暴露激烈，被誉为"文学史上的林肯"。

马克吐温和理发师的玩笑

马克·吐温是美国现实主义文学的杰出作家，他一生写了大量闻名于世的作品，他以幽默、讽刺的手法，写尽了美国一个时代的民间风情和世俗百态。

马克·吐温于1835年生于美国密苏里州佛罗里达镇，他的父亲是一位为人正直、但一生很不得意的地方法官；母亲不仅乐观豁达，而且待人特别宽厚慈善。

马克·吐温一次外出做演讲，来到一个小城镇。晚饭前，他先去一家理发店刮胡子。

"你是外地人吧？"理发师问。

"是的，"马克·吐温回答，"我是头一次到这里来。"

"你来得正是时候，"理发师继续说，"今晚马克·吐温要来做演讲，我想你会去的，是吗？"

"噢，我也这样想。"

"你搞到票了吗？"

"还没有。"

"票全都卖光了，你只有站着了。"

"真讨厌！"马克·吐温叹气着说，"我的运气真不好，每次那个家伙演讲时我都不得不站着。"

从这则小故事中我们就可以看到马克·吐温的幽默细胞。生活中多一些幽默和欢笑会让我们轻松很多。

成为幽默的文学大师

　　马克·吐温小时候非常厌恶上学。马克·吐温12岁那年，父亲一病不起，撒手人寰，一家人顿时陷入困境，这给了马克·吐温一个冠冕堂皇辍学回家的理由，但他不久就为自己的行为感到了后悔。退学后的马克·吐温到一家印刷厂当了学徒工，可印刷厂老板是一位吝啬鬼，经常克扣学徒的伙食，给马克·吐温穿的是自己的旧衣服，穿上它，就像生活在大帐篷里一般，而且得把裤子提到耳朵边才行，此外一分钱报酬也没有。

　　14岁的马克·吐温有一天在密苏里州的街上闲逛时，无意中看到地上有一页纸，是从别人的书本里散掉下来的。那页纸上记录着约翰的一些事迹，这些事写得竟是如此有趣，以至于一向讨厌上学的马克·吐温竟然读得如痴如醉。但接下的事却让马克·吐温感到不安，因为他一点也不知道约翰是何许人也，到哪里去找余下的悬念？这简直让马克·吐温无法接受，他不禁有点愤愤不平，感到很不服气。于是，他努力搜寻，读遍约翰所著的书籍，对约翰的生平产生了极大的兴趣。

　　著名的传记作家阿鲁巴多·卞曾在马克·吐温的传记中这样写道："偶然得到的约翰传记中的一页纸，引起了马克·吐温对其生平的浓厚兴趣，对这种兴趣的热衷就是他一生智慧的标志，而且这种兴趣至死不改。从捡起那片废纸的那一刻起，他就走向了开创自己卓越智慧的路途。"

　　虽然白天的工作对年少的马克·吐温来说太过繁重，可是在晚上他还是没有放弃看书学习。别的工人都去喝酒玩乐了，他独自一人待在房里看书，看不懂的地方，就去揣摩或查字典，如此坚持了好几年。

　　有一次，马克·吐温看书时实在太疲乏了，便不知不觉趴在桌上睡着了。天亮的时候，其他的人都准备去上班了，有人喊他："克莱门斯，快起来。"还在梦乡中的马克·吐温还以为伙伴们刚从外面回来，便说："你们先睡吧，我得再看一会书才能睡。"大家都止不住大笑起来："真是一个书呆子，天都亮了，你还看什么书，该工作了！"

后来，他外出谋生，当一个流浪的排字工人，来往于密西西比河一带的各个城市。在河上他经常听到轮船上水手们测量水深时大声说："马克·吐温"，意思是说水的深度可以安全通航。此间，他开始写文章投稿，便选择了这个词作为笔名。马克·吐温的经历惊险动荡，接触到了各式各样的人物，对他们的性格和生活状态作了细致的观察和了解，加上他的文笔幽默风趣而且充满辛辣的讽刺，迎合了当时美国读者的口味，渐渐引起文坛的注意。

一次，马克·吐温应一富翁邀请赴宴，主人为了炫耀他的富有，每道菜上来时，都要说出这道菜的价格。这时侍者端上来一盘葡萄，主人对来宾们说："哟，好大的葡萄呀！每颗值一百美元呢！"客人们不一会将葡萄吃完了，这时马克·吐温从座位上站起来大声说："味道真美呀，请你再给我来 6 美元吧，先生！"

马克·吐温到英国一个小镇的旅馆住宿，在旅客登记本上签名时，发现在他之前有一位有名望的旅客是这样签名的："冯·布特福德公爵及其众多仆从。"马克·吐温笑了笑，在旅客登记本上写道："马克·吐温及其一只箱子。"

马克·吐温在邻居家发现一本书深深吸引了他，他问邻居是否可以借阅。邻居说："欢迎您随时来读，只要您在这里看。您知道，我有个规矩：我的书不能离开这个房子。"几个星期后，邻居来向马克·吐温借锄草机，马克·吐温说："当然可以，但是按我的规矩，你得在我家里的草坪上使用它。"

有人问马克·吐温："小错与大错有什么区别？"马克·吐温答道："如果你从餐馆里出来，把自己的雨伞留在那儿，而拿走了别人的雨伞，这叫小错。但是，如果你拿走了别人的雨伞，

　而把自己的雨伞留在那里，这就叫大错。"

马克·吐温堪称美国文学之父，在文学的舞台上可谓才华横溢，可他在投资商业方面却连连败笔，一生都不得意。他投资购买的蒸汽机，竟然不能发电，他投资的钟表厂仅在拿到一次红利后便宣告破产，他投资过蒸汽式滑车，投资过改良印刷业的最新印刷机事业，结果都损失惨重。

虽然马克·吐温在商业投资方面表现得十分弱智，但爱神却对他特别青睐。他获得了自己一见钟情的美女奥丽薇亚的爱情，虽然他那身为纽约州埃尔迈拉大实业家的岳父兰登认为他是个生活不安定的作家，根本不想把女儿许配给他，最终他仍没经得住马克·吐温厚着脸皮但还算真诚的请求。

据说当时马克·吐温一连登门拜访多次，有一次走出他们家，要搭乘他们家的马车离去时，马受了惊吓，突然腾跃起来，于是马克·吐温从车上摔了下来，腰部重重挨了一下。就这样，他在他们府上住了两个礼拜直到痊愈，这次机会是有意安排或是偶然就不得而知了，不过趁此期间，马克·吐温获得了他们家人的好感，改变了兰登先生的想法。

马克·吐温与妻子奥丽薇亚的感情一直很好，曾给妻子写了好多情意绵绵的情书。据说，马克·吐温所写的每一份原稿，都请妻子过目整理，为此，他常把写好的原稿放在妻子的枕头下，以便奥丽薇亚能在就寝前看到，而对奥丽薇亚的任何修改意见，他都奉若圣旨。

前半生以幽默作家活跃于世而渐次转变为悲观主义者的马克·吐温，后来曾经告诉家人："我是在 1835 年哈雷彗星出现那年生的，它明年（1910 年）将再度出现，我想同它一道走。要是我不能同它走，那将是我一生最大的憾事。"没想到竟一语成谶，他果真在那年病逝，结束了自己辉煌的一生。

第 2 章

止于至善——勾勒唯美瞬间的绘画大师

　　美术从绘画者的角度来说是站在不同的角度或在不同的时间去探索他所描摹的事物，画者将自己的生活阅历和感情感悟凝于笔端，描绘出他们对生活的热爱。而对于欣赏者来说，它是另一种审美，以此与画者沟通心灵，同时净化自己的内心世界。那些古今中外的画家给了我们感受别样世界的机会。

第一节　欧洲绘画之父
——乔托·迪·邦多纳

　　乔托·迪·邦多纳是意大利画家与建筑师，他被认定为意大利文艺复兴时期的开创者，被誉为"欧洲绘画之父"。

　　乔托出生于意大利佛罗伦萨韦斯皮亚诺村中，据知他的家庭背景比较卑微，父亲是农民出身。童年时的乔托要做很多粗活，比如放羊、到处帮工等。

　　青年时期，乔托拜意大利画家契马布耶为师，主要是学画宗教画，然而他并不喜欢僵硬的拜占庭绘画风格，他认为宗教人物如圣母和耶稣也是有血有肉的人，因此他特别加强了人物画中的肌理和阴影感，也将过去平板的金或蓝色背景改为透视画法的一般风景。此突破获得宗教界的喜爱，使他大受欢迎。

　　1305 至 1308 年，意大利帕度亚市的斯克罗维尼家族委托乔托在史格罗维尼礼拜堂的左、中、右三面墙画壁画，乔托一口气画了 38 幅连环的宗教故事画，祭坛上方是圣母玛利亚的故事；左右边的第二与第三条状带区是基督的故事；底台的墙壁是人类史。这是他目前被保存最完整的壁画作品，其中最有名的为《犹大之吻》、《最后审判》和《哀悼基督》，乔托也因此在意大利 14 世纪的绘画史上奠定了经典的地位。这个时期，乔托也和但丁结为好友，但丁在神曲中多次提到乔托，并极力赞美他的画风。

　　乔托晚年时画风有点改变，当时哥特式艺术盛行，宗教人物的身长都一律加长并增加飘浮感，但他著名的透视背景画风依然没有改变。

清新自然的人品以及画风

乔托的艺术创作不仅对 14 世纪意大利文艺复兴美术影响极大，连后来的马萨乔、达·芬奇、米开朗琪罗都十分重视向他学习。乔托创立的现实主义原则超越了一般技法范畴，从而具有典范意义。乔托画作最大的特点是依照生活中的模特儿作画，笔下的人物生气勃勃，不仅有血有肉，并且有丰富的感情。与此同时，在他的作品上也开始出现了背景。

艺术革命有一个永远不变的公式：当一种艺术渐趋呆滞死板，不能再表现时代趋向的时候，必得要回返自然，向其汲取新艺术的灵感。

据说乔托在童年时已在荒僻的山野描绘过大自然。因此，他一出老师的工作室，便能摆脱传统的画法而回到他从大自然所得的灵感——单纯与朴素上去。他的艺术，是表现圣法兰西斯教义的艺术。他简洁的手法、无猜的心情，最足以彰显圣法兰西斯的纯真朴素的爱。

从此以后，那些悬在空中的圣徒与圣母，背后戴着一道沉重的金光，用贵重的彩石镶嵌起来的图像，再不能激动人们的心魂了。这时候，乔托在教堂的墙壁上，把圣法兰西斯的动人的故事，可爱的圣母与耶稣、先知者与使徒，一组一组地描绘下来，像当时记载这些宗教故事的传略一样，使十三四世纪的民众感到为富丽的拜占庭绘画所没有的热情与信仰。

乔托的素描与构图一样单纯、简洁，这是乔托的特点。乔托全部作品都具有单纯而严肃的美。这种美与其他的美一样，是一种和谐。现代美术家贝朗逊曾这样评价道："绘画之有热情的流露，生命的自白，与神明的皈依者，自乔托始。"这也是文艺复兴绘画所共有的精神。那么，乔托被视为文艺复兴之先驱与佛罗伦萨画派之始祖，无论从精神上或形式上来讲，都是再精当不过的了。

美术界但丁式的人物乔托是中世纪最后一位画家，也是新时代第一位画家。尽管他的绘画主题仍然以宗教内容为主，尽管他的绘画还带有近似中世纪蛮族美术的稚气，但在他的绘画中却潜藏着与宗教文化相对独立的世俗精神和与蛮族美术相对独立的客观精神。实际上，这即是希腊、罗马古典艺术中人本主义精神和"模仿说"的本质再现。

从乔托的《宝座上的圣母》来看，虽然它的构图布局几乎没有超越中世纪画家的惯例，但在他的画中已看不到金碧辉煌的装饰趣味和飘然若仙的人物罗列了；那坚实的体积，那纵深的空间反映了乔托的绘画与中世纪绘画的明显差异，这种差异的关键并不在于技法，而在于观念。乔托全新的艺术观不仅在他的艺术中创造了质朴、清新、庄严、厚重的审美境界，而且为后人提供了一种研究和表达自然的艺术实验方式。

自乔托以后，西方艺术家才逐渐地认识到，只有可视的客观物质世界才是获取真知，取之不尽，用之不竭的重要源泉。

追求真切的现实

乔托一生创作了很多值得欣赏的作品，比如《逃往埃及》，它描绘的是圣经中的故事。玛利亚生下耶稣的消息使希律王坐立不安，因为传说这孩子日后要做主，希律王一心想根除他。上帝知道后派使者告诉耶稣的义父约瑟，要他们立刻逃往埃及。在这幅画中，乔托画的就是约瑟带着圣母子逃往埃及途中的情景。

画面上，玛利亚抱着小耶稣骑在驴背上，前有约瑟，上有引路天使，圣母子的形象很突出，背景是起伏的山丘和树木。在这个传统的宗教题材中，乔托一反中世纪旧艺术的公式化象征手法，运用了初步的写实技巧，表现了一种现实生活中常见的人与人之间的关系，将神的故事完全世俗化，体现了人文主义的反封建思想。

作品构图层次分明，气氛庄重朴实，人物表情接近生活真实，是一幅充满现实生活情趣的图画。虽然画中的背景画得很简单，山丘树木的关系还有不少缺陷，但已可窥见画家对自然风光的注意。这幅画开启了文艺复兴艺术的现实主义道路。

乔托的壁画表现的都是宗教内容，但实质上描绘的是人的生活、人的情感、人的形象，既生动又有生命气息，与中世纪那种僵硬的木头人似的造型有明显区别。

他的功绩在于推翻了当时在艺术中占统治地位的中世纪的清规戒律，开始面向生活，面向大自然，从而使意大利绘画摆脱了中世纪拜占庭宗教画风，走上了现实主义的道路。因此，乔托被公认为"欧洲绘画之父"，对欧洲绘画的发展产生了巨大的影响。

第二节　雕刻残缺的完美
——米开朗琪罗

米开朗琪罗，全名米开朗琪罗·迪·洛多维科，是著名的雕塑家、建筑师、画家和诗人。他与列奥纳多·达芬奇和拉斐尔并称"文艺复兴三杰"，以人物"健美"著称，即使女性的身体也描画得肌肉健壮。米开朗琪罗脾气暴躁，不合群，但他一生追求艺术的完美，坚持自己的艺术思路。他于1564年在罗马去世，他的风格影响了几乎3个世纪的艺术家。

自信地面对各种"不完美"

米开朗琪罗是意大利文艺复兴时期的雕刻家、画家。他的绘画代表作《最后审判》被誉为"人体的百科全书"；他的杰作《大卫》不仅是他创作的精华，也是复兴古典艺术思想的典型代表。

1475年3月米开朗琪罗诞生于意大利佛罗伦萨东部附近的山城小镇卡普莱斯，当时他的父亲正担任着这个小镇的行政长官。刚出生的米开朗琪罗因为母亲体弱多病，排行老二的他被送到一个石匠家中抚养。

据说，他后来成为雕刻家与此不无关系。他自己曾说过："我在吸吮乳母（石匠的妻子）的奶水时就拿起了雕刻人物形象的凿子和锤子。"

米开朗琪罗6岁时，他的母亲就去世了，家也败落了。父亲经常失业，家里越来越穷，但他还是把米开朗琪罗送到佛罗伦萨的一家拉丁语学校去学习。米开朗琪罗在那里学习了拉丁文、希腊文、数学和文学，这些必要的教育为他以后的事业打下了良好的基础。

年幼的米开朗琪罗还不能体会到这点，他在学校的学习很糟糕，他老是画画，回到家还往墙壁上画，为此，父亲常常打他，而且一次比一次厉害。只是米开朗琪罗本性难移，他不但依然故我，而且一再表示要当个艺术家。这让他的父亲很恼火，父亲不明白为什么米开朗琪罗自甘"堕落"，一定要去干那有辱家风、靠手艺吃饭的行当。因为当时的艺术家的社会地位卑微，被人们视同工匠，靠凿子、画笔谋生，为贵族们所不齿。

但是性格倔强的米开朗琪罗已经选定艺术生涯作为自己的人生道路，一方面佛罗伦萨人热爱艺术的风尚给了他强烈的影响，又一方面，他的艺术才华使他对自己的选择相当自信，他那坚忍顽强的个性也使他在自己认定的事情上决不动摇。这是一种巨人的性格，也是他日后成功的保证。最后，家道中落的现状使他的父亲无力再去阻拦了，当他父亲听说米开朗琪罗到著名的基兰达约画室去学艺，不但不需要交付学徒费，反而能挣钱时，他终于妥协同意了。

基兰达约在艺术史上是个有地位的人物，13岁的米开朗琪罗能拜到这样的名师，对他学习艺术大有帮助。米开朗琪罗虽在这里只学习了一年多的时间，但他十分勤奋、刻苦，因此技艺进步很快。他在那儿除了大量地写生之外，还临摹了许多老画家们的作品，竟达到以假乱真的程度，所以深得老师基兰达约的赏识。

后来佛罗伦萨的统治者罗伦索·美第奇召见了基兰达约，要他把自己两名最好的学生送到他新办的美术学校"庭苑"去学雕刻。基兰达约不敢违抗，于是米开朗琪罗和基兰达约的另一名弟子被送往"庭苑"。罗伦索的府第在当时是来自欧洲各地的人文主义学者、诗人、艺术家和社会名流荟萃的地方，从 1489 年开始，米开朗琪罗在这里受到严格的训练和先进的人文主义思想的熏陶。在这里，他开始明白再高级的艺术也不外乎"美与神圣的统一"，这一美学标准便成了他以后创作的准则。

被佛罗伦萨称为"无冕之王"的罗伦索十分欣赏这位天才少年独创性的艺术才华，留他食宿于美第奇宫廷。美第奇宫廷丰富的雕刻收藏令米开朗琪罗着迷，古希腊、罗马的遗产给米开朗琪罗的艺术学习与探索以巨大影响。米开朗琪罗的创作生涯开始了。

他最早的两件作品《梯旁圣母》和《半人半马者搏斗》已显露米开朗琪罗艺术风格的端倪，即以人物形象为中心，主要表现人体美，人物形象充满了无畏的战斗热情和无穷无尽的创造力量。

1496 年，21 岁的米开朗琪罗因家乡战乱来到罗马，被那里森林般的古代雕像所再现的卓越的艺术形象所吸引。在古典艺术的影响下，他开始创作自己第一批大型石雕《酒神》、《哀悼基督》。

他的《酒神》以希腊神话中的酒神巴库斯发明葡萄酒为题材，主要表现了巴库斯醉酒后憨态可掬的模样，在不平衡与平衡的冲突中表现人体美。酒神的左下方是一个坐在树桩上偷吃葡萄的小牧神，这个半人半羊模样的人给整个雕刻增加了生动、活泼、乐观的形象，而这种富有生活气息和幽默感的作品在米开朗琪罗毕生的作品中是罕见的。

而《哀悼基督》表现的是基督被从十字架上卸下来后，圣母玛丽亚抱起儿子尸体时悲痛的情景，这幅雕刻给人一种震撼人心的神圣的悲剧美。这幅倾注了米开朗琪罗两年心血的杰作问世后，轰动了罗马城。

1501 年，米开朗琪罗回到佛罗伦萨。为了能鲜明地表现艺术家对祖国命运的关注和对共和政治的希望，他决定要塑一尊圣经中那个智勇双全、屡建奇功的大卫形象。于是，在以后的两年半的时间里，他连吃饭、换衣服都舍不得停下，几乎每天要干

20个小时。灰粉塞满了他的鼻孔，落满了他的头发，令他看上去白发苍苍。这是他的大理石雕刻生涯中最为辛劳的一段经历，但一切都是自愿和快乐的，他的思想、才能在此得到了最为充分的发挥，最后终于在1504年完成了他的杰作《大卫》。

《大卫》大胆显示了人体的完美，不仅是米开朗琪罗创作中的精华，也是复兴古典艺术思想的典型代表，即使在今天，它也是艺术家们学习雕刻的楷模。米开朗琪罗毫不客气地选择佛罗伦萨最引人注目的地方安放《大卫》，希望它作为佛罗伦萨市民政治理想的象征。意大利人把这纪念碑式的杰作看作划时代的事件，用它来计算时间："巨人塑成的那一年"成了新时代第一年。

后来，他来到罗马，作为教皇雇用的艺术家而从事各种艺术工作。1508年，他接受绘画西斯廷礼拜堂屋顶这项艰巨的任务。后来这幅壁画成为世界历史上最伟大的美术作品。

接着，他的一件件优秀作品陆续问世，对整个美术界的艺术风格产生了深深的震撼和影响。

脚踏实地的行走

米开朗琪罗13岁就进了佛罗伦萨著名画家基兰达约的工作室，在那里他最初接触终生所从事的神圣事业，并以神奇的速度掌握了绘画技巧。后来他又进了佛罗伦萨统治者罗伦索·美第奇开办的"庭苑"，由于他的超群才华备受罗伦索的重视和爱护，宫廷中大量的艺术品成了他学习、研究的对象，经常出入于宫中的人文主义诗人和学者给了他极大影响。

短短4年中，他在美第奇宫里获得了一个伟大艺术家所必须具备的条件，为他整个艺术创作打下了坚实基础。

在罗伦索的府邸里，设有一个"柏拉图学院"，学者们聚在一起研究学问,他们在罗伦索的支持下创立了一种新的思想体系——人文主义,他们的思想是要把世界归还给人,把人归还给他自己。把人的艺术、文学和科学,还有作为个体的独立的思想和感情归还给人,人绝不能像一个奴隶一样被捆绑在教条之上,在锁链中死亡腐朽。

米开朗琪罗还经常去听宗教改革家、修道士萨伏纳罗拉揭露教会黑暗的演说,这位为了拯救人类命运而不怕宗教法庭审判的修道士给他的灵魂留下了不可磨灭的烙印。罗伦索·美第奇死后,米开朗琪罗失去了保护人,佛罗伦萨陷于一片混乱,他深感故乡非久留之地,赴威尼斯和波伦亚,后转道罗马寻找发展机会。罗马到处林立古代雕像,犹如走进巨大的古代艺术宝库。

23 岁的米开朗琪罗受法国红衣主教委托,为圣彼得教堂制作《哀悼基督》雕像。这件雕像的问世,使米开朗琪罗名盖罗马,自多纳太罗之后又一颗雕刻巨星升起。26 岁的米开朗琪罗载誉回到故乡佛罗伦萨,便立即从事《大卫》雕像的制作,三年后完成,安放在韦吉奥宫正门前,作为佛罗伦萨守护神和民主政治的象征。

第三节 绘出全世界最美的微笑
——达·芬奇

列奥纳多·达·芬奇是意大利"文艺复兴三杰"之一,也是整个欧洲文艺复兴时期最完美的代表。他是一位思想深邃、学识渊博、多才多艺的画家、天文学家、发明家、医学家、建筑工程师和军事工程师。他的天赋或许比同时期的其他人物都高,这使他成为文艺复兴时期人文主义的代表人物,也使得他成为文艺复兴时期典型的艺术家。

好奇心成就天才艺术家

达·芬奇的《蒙娜丽莎》、《最后的晚餐》、《岩间圣母》等都是巧夺天工的传世名画。他是文艺复兴时期人文主义和科学精神的总代表和最高体现者，他不仅是天才的艺术家，还是杰出的工程师和著名的自然科学家。

孩童时代的达·芬奇好奇心很强，他特别喜欢观察大自然的景色，对绘画产生了浓厚的兴趣。他喜欢一个人坐在草丛中，观察色彩缤纷、姿态万千的花木，还喜欢钻山洞，探索秘密，对一些奇形怪状的小动物，他总是拿回家仔细观察、描绘。

有一天，他帮一个农民做了一块盾牌，并把自己最熟悉的小动物——蛇、蝙蝠、蝴蝶、蚱蜢……还有一些奇形怪状叫不上名字的东西都画在了上面。父亲看后，觉得儿子在绘画方面很有天赋。1466年父亲决定把儿子送到佛罗伦萨名画家、雕刻家弗里基俄的画室学艺。弗里基俄看了达·芬奇的习作后非常惊喜，并欣然同意收14岁的达·芬奇为入室弟子，这也是达·芬奇一生中艺术发展最重要的转折点。

弗里基俄不仅是一位多才多艺的艺术大师，而且对数学、天文学等自然科学也有浓厚的兴趣。达·芬奇在这里更是如鱼得水，他在这里不仅学习了素描、绘画和雕刻，还开始涉猎科学研究，学到很多科学技术方面的知识。在这里，他还结识了一大批知名的艺术家、科学家和人文主义者，接受了当时最先进的人文主义思想，这对他日后的艺术创作和研究都产生了重大的影响。

弗里基俄教达·芬奇的第一课就是画蛋。尽管达·芬奇画了很多，老师仍没有叫他停止的意思。时间一天天过去了，达·芬奇终于不耐烦了。有一天，他终于忍不住问道："老师，为什么总要我画蛋？什么时候才能画完！"老师亲切而又严肃地对他说：
"基本训练要练到手和笔能圆熟地听从大脑的指挥,那就好了。"
达·芬奇听了老师的话,很是惭愧,于是他又默默地画起蛋来。

由于老师的严格要求和自己的刻苦钻研,达·芬奇进步很快。
年轻的达·芬奇在他的老师的祭坛画《基督受洗图》中所画的两
个披衣的天使,就让老师表现出了佩服的神色。1477 年,达·芬
奇结束了自己的学徒生活,离开了弗里基俄的画室,开始了独立
的创作活动。

他的创作日益显示出他非凡的艺术才能,《吉涅芙拉岱·宾
奇肖像》画得精细逼真,他不仅把主人翁不十分端正的五官真实
地描绘出来,还细致得几乎把每一卷头发都表现出来。

在达·芬奇早期的作品中,不仅体现了他的人文主义思想,而且日
趋形成了他那精细、和谐、逼真独特的现实主义艺术风格。1482 年他
离开佛罗伦萨前往米兰,在那里,他进行了许多大型的艺术创作。在这
些作品中,最有名的当属为斯福查的父亲法兰西斯科·斯福查制作的骑
马雕像,被人称为"世界第八大奇观",得到了同时代人众口一词的高
度评价。

1495 年～1498 年,达·芬奇完成了举世闻名的艺术杰作——《岩
间圣母》和《最后的晚餐》,从而奠定了他在美术史上不朽的地位。欧
洲画坛认为,《最后的晚餐》是所有伟大画卷中的最佳珍品,是欧洲艺
术的拱顶之石,是千古不朽的杰作。

1503 年～1506 年,达·芬奇另一幅世界名作——《蒙娜丽莎》
问世了,蒙娜丽莎迷人的微笑令无数人神往,这幅画非常优美,展现在
人们面前的是蒙娜丽莎天真无邪的心底和旺盛的生命力。

在绘画方面,达·芬奇把科学认识和艺术幻想完美地结合起来,使
当时绘画的现实主义发展到一个新的历史阶段。他反对抄袭和模仿,提
倡科学,主张向自然、生活、人民学习。他曾说："画家仅凭实践和眼
睛的判断作画而没有任何思想,就好像一面镜子,只是将放在他面前的

物体反映出来，并不具有对它们的理解。"

在绘画时，他利用数学知识安排画面的布局，画中各部分的比例都经过认真的计算。他是第一个把艺术作用和科学知识完美结合起来的人。他还运用光学原理，使用线条来表现明、暗、背、向，使人物栩栩如生。

他不但是一位绘画艺术的天才，而且是一个卓越的科学家和工程师，他的多才多艺、知识渊博超出寻常人的想象。比如他最早表现出了对传统"地球中心说"的怀疑与否定，并提出人类可以利用太阳能为自己造福，这比后来哥白尼提出的"太阳中心说"要早几十年。达·芬奇还自行设计了多种机器，如曲颈瓶、蒸馏器以及潜水钟模型等。他还留下了大量的建筑图样，从设计城市桥梁、下水道、教堂到设计官厅、舞台、剧场都表现了他杰出的建筑设计天分。

这些文稿和绘画才能一起见证了达·芬奇极其勤奋、辛劳的一生和无尽的探索精神，更展示出他多方面的才华和巨大的抱负。他揭示了无穷无尽的自然奥秘，并重新创造了令人不可思议的美。

注重观察的达·芬奇

达·芬奇十分注重观察，他所有的研究和速写都记录在笔记本和单页纸上，留给后世数千页写得密密麻麻并配有大量速写的笔记。笔记本中有一副描绘石头落水后形成水波的图像，并且注明水面上漂浮的稻草并没有因此而改变位置，说明虽然水波扩散了出去，水却原地没动。

达·芬奇研究人的脚印，发现一个人跳跃后留下的脚印比他背上再背着另一个人时留下的脚印要深，并得出跳跃时产生的力量大于两倍人体重量的结论。达·芬奇在描绘鸟类飞行的图像中已经预见了牛顿的运动定律。在对鸟类的研究中，他年轻时对飞行器的可行性想法得以形成并促使他全心研究空气成分；在对水的研究中，他既关心水的物质特性又注意水的流动规律；在对植物和树木的生长规律以及土地的地质结构的研究中他意识到力的存在。

达·芬奇在米兰期间做出了转向科学研究方向的决定，并开始有系统地进行研究。他萌生了撰写自己艺术理论的愿望,并产生了"绘画科学"的概念。他有专门论述绘画、建筑、力学、人体解剖的专著。此外,他对地质学、植物学、水文学和气象学也有研究。他赋予插图在文章中的作用,重视图饰,他不是用图片解释文字,而是用图片来解释画面的含义。在系统表述自己图示原理方面,列奥纳多·达·芬奇堪称现代科学插图说明的先行者。

1503 年春,51 岁的达·芬奇已经成为闻名世界的画家了,但他仍然孜孜不倦地坚持基本功的训练。这年,他正构思世界名画《蒙娜丽莎》。为了深入了解人体结构,掌握人物各个部位的关系和特征,他和他的助手进行了几十次的人体解剖。

当时,宗教势力很大,不能公开对人体进行解剖。达·芬奇不得不用重金贿赂存放死尸的寺院守门人,在夜深人静的时候,到阴森恐怖的地下室里对一具具女尸进行解剖。

地下室里没有灯光,空气又污浊,在这么一个地方通宵达旦地工作,常常使他汗流浃背,筋疲力尽。每当黎明时分,他从阴暗的地下室出来,回到家里已累得睁不开眼了,但他仍舍不得去睡,又端坐在桌旁,将解剖所获得的新鲜的印象记录下来,详细地画出骨骼和肌肉的细节,并将自己的体会写进日记本里。

是什么力量促使达·芬奇如此废寝忘食呢?他说:"为了得到完整的人体知识,我连续解剖了几十具尸体……由于对事业的感情,使我忘记了恐惧,忘记了疲倦……"

伽利略说:"一切推理都必须从观察与实验得来。"对于从事艺术的人来说更不能忽视细致的观察和严谨的实验,达·芬奇很好地向我们诠释了这一点。

第四节　美术史上的画圣
——拉斐尔

拉斐尔是文艺复兴时期意大利著名画家，也是"文艺复兴后三杰"中最年轻的一位，代表了文艺复兴时期艺术家从事理想美的事业所能达到的巅峰。他性情平和、文雅，创作了大量的圣母像，他的作品充分体现了安宁、协调、和谐、对称以及完美和恬静的秩序。

成就众多瞩目作品

1483 年 4 月拉斐尔出生在意大利玛赫区的中部城市乌尔宾诺的一个艺术之家，当时的乌尔宾诺已成为欣欣向荣的艺术中心。《圣母的婚礼》是拉斐尔的成名之作，创作这幅大型祭坛画时他还不满 21 岁。

在 1504～1508 年之间，拉斐尔创作了最有名的几幅圣母像，包括：《大公爵的圣母》、《草地上的圣母》、《椅中圣母》、《花园中的圣母》等，以《花园中的圣母》为最佳。虽是宗教画，却洋溢着人世间幸福、美好的情调。圣母侧身而坐，照看着两个正在嬉戏的孩子，一个是耶稣，另一个是施洗约翰。画面线条柔和，远景优美，近景鲜花遍地；天空有几朵轻盈的白云，映着柔和的微光，情与景富有浓郁的诗意。

1508～1520 年是拉斐尔艺术创造力发挥到登峰造极的时期。拉斐尔在罗马的创作主要是在梵蒂冈皇宫绘制一系列壁画，先后绘制于皇宫的签字厅、埃利奥多罗厅、火警厅以及宫中敞廊等，其中以签字厅的壁画最为杰出。他给梵蒂冈第一厅按照诗人德拉·欣雅杜尔的诗所配的画——《圣礼之争》、《雅典学派》、《帕那苏斯山》、《三德像》等，这些壁画虽然是为罗马教廷服务的，但拉斐尔巧妙地使它体现了自己的人文主义思想。

《圣礼之争》是一半圆形的庞大构图。天上的人群和地下的人群均排列成弧形，地面上画的是人数众多的教会领袖和高级僧侣，天上画的是神的三位一体：圣父上帝、圣子耶稣、圣灵鸽子，12 圣徒围成半圆坐在耶稣的两边。整个画面人物虽多，但多而不乱，层次分明，神态各异的人物活动紧密相连，互相呼应。

《雅典学派》把不同时代的人物集中于一个空间，把古代希腊、罗马和当代意大利的 50 多位哲学家、科学家、艺术家和名流荟萃一堂。最成功之处是拉斐尔善于运用空间构成，透视精确，给人以气势宏伟、壮观的深刻印象，显示出每位学者自己的个性，而且姿态、表情和活动极其丰富。

《帕那苏斯山》把古今大诗人都集合在小山丘上下，显得非常自然而又符合题意，赞美了人的美德和崇高的感情，歌颂了诗和音乐的结合，画面洋溢着愉快、高雅的气氛。

《三德像》中的三位女神左为"权力"，中为"真理"，右为"节约"，鼓励和约束人们一心向善。

拉斐尔根据诗人德拉·埃利奥多罗的诗为梵蒂冈宫第二厅绘制了四幅壁画：《赫里奥多罗被逐出神殿》、《波尔神纳的弥撒》、《彼得被救出狱》和《教皇和阿提拉会见》。这组画的主题是歌颂教皇的权力及其胜利。专家们认为《彼得被救出狱》最精彩，艺术家以生动的情节和高超的技巧描绘了天使营救彼得出狱的机智、勇敢和紧张、惊险的细节，为人们所赞叹。

拉斐尔为梵冈蒂宫第三厅创作的壁画《波尔奇宫的火警》，原本是宣扬教皇利奥四世用祈祷消灭了火灾奇迹的，可是伟大的现实主义艺术大师，却在这里歌颂了意大利劳动人民依靠自己的力量战胜了火灾。

最有名的肖像画有《教皇尤利乌斯二世》、《教皇利奥十世》。尤利乌斯二世被塑造成一个意志坚强但性格暴戾的形象，利奥十世被刻画成为一个阴险而又狡诈的野心家。此外，如《红衣主教托里佛利齐奥肖像》、《卡昔利翁肖像》、《乔万娜·达拉戈纳像》等，都是拉斐尔这个时期最杰出的作品，他善于表现人物性格特征和风度。

不过艺术家最擅长的还是表现女性美，如《阿拉贡的约翰娜》和《东娜·维拉塔》，前者用紫红色的天鹅绒和深褐色的调子来表现人物的高贵身份，后者用金黄色的调子来描写肌肤的柔嫩和披纱的透明感。

一生追求美好事物

拉斐尔的艺术风格秀美、典雅、和谐、明朗，美术史上尊称他为"画圣"。他既没有达·芬奇那样的丰富博学也没有米开朗琪罗那样的雄强伟健，虽只活了37岁，却成为文艺复兴盛期最负盛名的画家之一。

拉斐尔的艺术作品多是典雅和谐、秀美诱人的，由此后人评论说："拉斐尔的绘画象征着理想，而拉斐尔亦是美的化身。"

拉斐尔一生绝少塑造强悍有力的英雄人物，就是塑造英雄人物，他也把残酷的场面画得十分和谐。拉斐尔尤好塑造温柔秀美的圣母、圣婴形象，他笔下的女性都非常人性化，而且每一幅都不同。后人一致认为，他的圣母像聚集了意大利民间女性的魅力，有着人间最能感同身受的母爱情调，以至于欧洲各地几百年来一直流传着一句赞美女人的话："像拉斐尔的圣母一样。"拉斐尔塑造的女性仿佛是天性的自然流露，其纯真优美、庄重自然、明快清晰、和谐简洁，后人望尘莫及。他被称作"画家的王子"，这一切都与拉斐尔温柔的性格有关系。

拉斐尔作画，既追求个人的独特风格，也能讨教皇百姓欢心，可谓面面俱到。他的画作可以摆动在圣母与情人玛格丽特之间，也可以调和异教与基督教信仰，令所有人都为之倾倒。拉斐尔的画绝少探究人生的苦痛与信念，而是竭力塑造人生的欢乐、美的创造和拥有。

拉斐尔以画圣母、圣婴而闻名于世，在他流传至今的300幅作品中，有40多幅作品是专门画圣母、圣婴的。在这里，拉斐尔所追求的境界既不是达·芬奇似的母子精神团聚的投射，也不是米开朗琪罗似的自我分裂状态的完形，而是在追求一种人间真善美的心理整合。这里的心理整合，就是人们认知状态的高度协调与人格状态的高度完善——一种天堂的体验。

好品质打造"万人迷"画家

拉斐尔人缘极好，十分懂得尊重人。据说他只要在某地待上 5 分钟，就会有人来求画，对此拉斐尔很少拒绝。此外，拉斐尔与达·芬奇、米开朗琪罗一样，都要效力于教皇尤利乌斯二世。但拉斐尔与尤利乌斯二世一向处得很好，而随后的利奥十世也非常喜欢拉斐尔，特地赐给他一顶红衣主教的帽子，还把红衣主教毕比印纳的一个侄女玛利亚许配给他。

虽然拉斐尔对此心存不满，但他没有直接回绝，而是一直拖着这桩婚事不办，直至自己意外死亡。

总之，拉斐尔为人谦虚，待人诚恳，所到之处无不受到热烈的欢迎，很早就成了一个超级巨星和万人迷。他的性情就像他的画一样到处受人追捧，艺术家们都把他当作成功的典范。拉斐尔于 1520 年他 37 岁生日那天去世，他的死震惊了罗马城，上至教皇贵族，下至黎民百姓，无不为他英年早逝而悲痛万分。罗马人为他举行了最隆重的葬礼，教皇还坚持把他葬在万神殿，这是绝无仅有的殊荣！

也许是幸福童年造就了拉斐尔温和的性格。拉斐尔的一生是非常顺利幸福的，充满了温暖、爱护、肯定、自信、安全感，这些都是达·芬奇与米开朗琪罗的一生所十分欠缺的。

拉斐尔自出生以来就备受父母的爱护。父亲是一位画家兼诗人，虽然生活不很富裕，却家有贤妻，事业有成。在拉斐尔之前，他曾有过两个儿子，但都夭折了，所以拉斐尔出生后，父母都对他呵护有加，早晚祈祷他健康成长，并以"天使"来加以命名（拉斐尔在意大利文中表示天使）。

拉斐尔从小也表现出极高的艺术兴趣与天分，在他还不会说话时，就喜欢拿着画笔当玩具玩，见着颜料就兴奋，这些都令父母欢欣不已。

拉斐尔的父亲从儿子8岁起教他作画，10岁时就已教会他所有的绘画技巧。为了提高儿子的绘画水准，父亲还不断带儿子四处拜师，并大力鼓励他探索自己的艺术风格。

拉斐尔11岁时父亲过世，他进入画家画室当助手，专门学习15世纪佛罗伦萨名家的作品，而后走上了独创的道路。22岁～25岁时，拉斐尔创作了大量圣母像，从此名声大噪。在这当中，他从来没有遇到过达·芬奇和米开朗琪罗那样的困境，更没有与权威人士发生过直接冲突。

第五节　传奇的泼墨画大师
——张大千

张大千，四川内江人，祖籍广东省番禺，1899年5月10日出生于四川省内江市市中区城郊安良里的一个书香门第的家庭。

张大千与二哥张善子创立了"大风堂画派"，是20世纪中国画坛最具传奇色彩的泼墨画大师，特别在山水画方面卓有成就。后旅居海外，画风工写结合，重彩、水墨融为一体，尤其是泼墨与泼彩，开创了新的艺术风格。

只会当抢书画的"土匪"

1916年，张大千到重庆求精中学念书，放暑假回内江途中，被土匪绑去当了100天黑笔师爷。当时他被押到一个叫"千斤磅"的地方，土匪们一面休息，一面清查俘虏的底细。张大千这才弄明白，土匪把他们当肉票，要他们写信回家去勒索钱。轮到张大千写信时，一个姓邱的土匪一看到他的字，便赞赏地叫："这娃儿字写得漂亮，我看留他作黑笔师爷好了！"

虽然张大千不肯，但在生死关头，由不得他。第二天，土匪还要去打劫峰高铺，那个姓邱的土匪派了两个兄弟，一乘轿子，送张大千回龙井口窝子里去。一路上，在路边放哨的土匪居然对着他的轿子行举手礼。到了龙井口，土匪头送他一对象牙章，带红结子的瓜皮帽，把他打扮成师爷样。可是，在龙井口没有安顿两天，政府军要来攻了，土匪们赶紧转移阵地，把他移交给一个叫"老康"的另一个土匪头子。

有一回，张大千被迫跟着老康去抢劫，他站在一旁看热闹。有人警告他说："你也要动手拿东西，否则要犯忌讳的，黑道上的朋友不能空手而回。"他看看四周，有不少书，就在书房里拿了一部《诗学涵英》。另一个土匪马上训他："什么不好抢？怎么抢书？'输'是犯忌的。"逼他换别的，他只得拿了墙上挂的四幅《百忍图》和《诗学涵英》一起带走。

"抢"到匪窟的《诗学涵英》真的派上了用场，张大千学作诗，就是从那时候开始的。被虏期间，一个受虐待的老进士还教他平仄对仗，颇有一些传奇色彩。

后来，老康暗中与官方的人接头，接受招安，到松溉去接受改编。老康被改编作了连长，恢复本姓赵，而张大千就成了赵连长的司书了。过了 1 个多月，地方军队来打赵连长，把整个连都消灭了。张大千被捕后才知道，当时地方军队虽说招安土匪，但绝不是真的信任土匪，等到机会，安排妥当了就围剿。所幸，张大千被捕后不久，他的四哥就赶来营救他，结束了前后整整 100 天的绑票。

张大千的这段经历真是令人不可思议。但是，他的聪明和学识连土匪都被折服，这又是怎样的一种才华呢？

高超技艺能以假乱真

张大千 22 岁时娶了妻子曾庆蓉。完婚之后，张大千决心学画，他到了上海，先拜入曾熙门下，学写书法；其后，再拜在李瑞清门下，再学书法。两位老师的风骨和教诲对此时的张大千有很大的影响。不过，张大千在 25 岁时便扬名上海了。

　　当时，上海的文人雅士集中，最著名的是由湖北人赵半皮老先生召集的"秋英会"。"秋英会"以赏菊吃蟹，当场挥毫画画题诗为目的。张大千第一次参加，是个小老弟，在雅集时，既绘画，又咏诗、题字，使得大家对他刮目相看。另一件让张大千闻名的，是他仿石涛造假画，愚弄了当时的收藏家、鉴赏家。

　　那时候，北方最有名的画家兼收藏家陈半丁对名画之鉴赏有一言九鼎之威，傲视北方。有一次，陈半丁声称新收集了一册石涛画页，视为绝妙精品，为此特宴邀艺林名家到家中欣赏。张大千听说了，虽然未被邀请，却想一睹石涛画册，便不请自到了。陈半丁拿出宝贝画册，洋洋得意地正想展示，张大千突然说："是这个册子啊！不用看了，我知道。"陈半丁反问："你知道什么啊？"张大千立即朗声回答，第一页画的是什么，第二页画的是什么，包括题款、用印，都一一道来。陈半丁一一核对，丝毫不误，又惊又气。有人以为，这本石涛画册曾到过张大千之手，不料，张大千竟说："是我画的！"

　　所有的人哗然，陈半丁更尴尬，张大千自知得罪了在场的人，赶紧溜之大吉。

由此，张大千的画技可见一斑。

1941 年，大千先生跋涉 8 千里到达敦煌。他到达千佛洞那天，天还没亮，他便迫不及待地提灯入洞探视。这一看，了不得！比他想象中不知伟大了多少倍，原订计划是到那里观摩三个月的，第一天大概看了一些洞，他对太太和子侄说："恐怕留下来半年都不够。"千佛洞的来源，据考证，在秦苻坚建元二年由乐和尚开凿，自此由北魏到元代，每代都开凿大小不等的洞窟。

1500 年前，敦煌是东西交通的要道。莫高窟内层楼叠殿，吸引了无数僧侣、信士、艺术家、凿洞的工匠等，从北朝到元代的 800 多年里，他们从事壁画、塑像，使得千佛洞成为艺术圣地。大千先生观察千佛洞时发现，千佛洞在坐西面东的山崖上，早晨有阳光射入，再加上气候干燥，毫不潮湿，所以洞内所藏能长达数百年而不损坏。不过，300 多个洞窟之间路径却崩坏了，大千先生只好一面探洞观画，一面修路开道。

"老实说，我到敦煌之初，是抱着莫大雄心去的，可是巡视了千佛洞之后，眼见每洞由顶到底，都是鲜明的壁画，瞠目惊叹之余，真是自觉渺小。"张大千说。在敦煌初期，大千先生最重要的工作是为 300 多个洞编号。他编号的目的固然为了便利查考，一方面也为方便后人游览。大千先生编的洞号一共有 309 洞。

在临摹时，大千先生的原则是要一丝不苟地描，绝对不能加入自己的意思。每幅壁画他都要题记色彩尺度，全部求真。在画的时候，还要雇木工造架，站着临摹，因为千佛洞的空间实在太小了。千佛洞大多数的光线都不够，大千先生要一手拿蜡烛，一手拿画笔，还得因地制宜，有时站在梯上，有时蹲着，有时还躺卧在地上，虽然是冬天，勾画不久，就要出汗喘气，头昏目眩。这样辛勤地作画，多数日子是清晨就进洞工作，黄昏才出来，有时候还要开夜工。

大千先生解释："壁画色多斑斓，尚须秉灯静观良久，才能依稀看出线条，我主要在观摩揣测上下功夫，往往数十次观研之后才能下笔，为了不浪费材料起见，临摹时先以玻璃依原作勾出初稿，然后把初稿黏在画布上，在极强的阳光照射下，先以木炭勾出影子，再用墨勾：搞定之后，再敷色。凡佛像、人物主要部分，都是我自己动手，其余楼台亭阁不很重要的部分，则分别由门人子侄喇嘛分绘，每幅都注明合作者姓名。因此，每幅画的手续都繁复，极力求真，大幅要两个月才能完成，小幅的也要十几天。"就是这样画了276幅画，石青石绿等颜料用了千百斤。如此留在敦煌的两年7个月中，大千先生确认："以前常有人说，中国文化多受西方影响，我研究了敦煌壁画之后，认为此说不足信！敦煌壁画所画的人物，可以考究隋唐之衣服制度，补唐宋五代史书之阙文，我认为历史考证之价值，重于艺术之欣赏。"

"至于在艺术方面的价值，我们可以这样做，敦煌壁画是集东方中古美术的大成，敦煌壁画代表北魏到元代一千年来中国美术的发达史。换言之，也可说是佛教文明的最高峰。我们敦煌壁画早于欧洲文艺复兴约有一千年，而现代发现还相当完整，这也可以说是人类文化的奇迹。"

1944年，大千先生在四川成都举行"临摹敦煌壁画展"，很是轰动。大千先生的朋友、书家沈尹默曾题诗赞他："三年面壁信堂堂，万里归来须带霜。薏苡明珠谁管得，且安笔砚写敦煌。"

第六节　技融中西，名垂画史
——徐悲鸿

徐悲鸿，现代画家、美术教育家。汉族，江苏宜兴人。曾留学法国学西画，归国后长期从事美术教育，先后任教于国立中央大学艺术系、北平大学艺术学院和北平艺专。1949年后任中央美术学院院长。擅长人物、走兽、花鸟，主张现实主义，于传统尤推崇任伯年。强调国画改革融入西画技法，作画主张光线、造型，讲求对象的解剖结构、骨骼的准确把握，并强调作品的思想内涵，对当时中国画坛影响甚大。所作国画彩墨浑成，尤以奔马享名于世。

做有傲骨的画家

1915 年夏天，19 岁的徐悲鸿告别了家乡，去上海谋生。一位曾与徐悲鸿共事的国文老师勉励他说："我希望你记住一句话——人不可有傲气，但不能无傲骨！"从此这句佳言便成为徐悲鸿终生信守的座右铭。

1935 年，徐悲鸿已是享有盛名的画家，但他不愿为蒋介石政权效劳而飞黄腾达。他挥毫写下"独持偏见，一意孤行"的对联挂在墙上，以表自己决不与趋炎附势者同流合污的志向。

有一天，国民党政府文化运动委员会主任张道藩登门求画，请徐悲鸿为蒋介石画一张半身标准相。徐悲鸿虽然经常为许多人画像，但这一次却毫不客气地拒绝了："我是画家，我对你们蒋委员长丝毫不感兴趣，你还是另请高明吧！"

张道藩非常吃惊地说："给蒋委员长画像你不感兴趣，你对什么感兴趣？"

徐悲鸿十分坦然地说："我对抗日救国感兴趣，对人民大众感兴趣！"

张道藩碰了钉子，气急败坏地走了。

抗日战争胜利后，蒋介石受一位外国人所托，要买徐悲鸿的一幅中国画——《双鹭》。徐悲鸿冷冷地蒋介石派来的人说："这是非卖品，是不出售的。"

蒋介石得知徐悲鸿不愿出售《双鹭》图很生气，又派人去，并让他们告诉徐悲鸿："这是蒋委员长要买下送给外国人的，不管要多少钱都买。"

徐悲鸿听来人这样说，十分讨厌，断然拒绝道："我已经说过了，这是非卖品，对任何人都不出售。你给多少钱我也不卖！"

来人走后，徐悲鸿夫人廖静文担心会惹出一场大祸，徐悲鸿也知道蒋介石什么事情都干得出来，但他决不愿妥协。

第二天，蒋介石又派人来索画，气势汹汹地声称：你卖也得卖，不卖也得卖！徐悲鸿毫无惧色地说："《双鹭》图是非卖品，上面题有'静文爱妻惠存'，怎么能出售呢？"

说着，拿出画给来人看。原来，徐悲鸿夫妇彻夜未眠，终于想出了这样一个搪塞的办法。这个办法还真灵，那个外国人听说《双鹭》图是送给徐夫人的，并且题上了字，也就放弃了索取这张画的要求，一场风波才算了结。

徐悲鸿面对强权能保持自己的风格和人品，不与趋炎附势者同流合污，真是一种可贵的品质。

徐悲鸿的轶事典故

用实力维护祖国的尊严

徐悲鸿先生刚刚去法国留学的时候，开始有一位外国同学瞧不起中国，徐悲鸿先生义正词严地对那个学生说："既然你瞧不起我的国家，那么好，从现在开始，我代表我的国家，你代表你的国家，我们等到毕业的时候再看。"此后，徐悲鸿先生发愤图强努力钻研绘画，后来一画惊人，震惊了巴黎艺术界，这证明了中国人不比任何外国人差，从此徐悲鸿先生踏上了一位爱国主义画家的伟大道路。

一张换一张

徐悲鸿一生崇拜任伯年，自说是任伯年"后身"，因任伯年死的那天，正是徐悲鸿出生之日。想不到，任伯年56岁去世，徐悲鸿也只活了58岁。

徐悲鸿注意收藏任伯年作品，但由于徐悲鸿不愿卖画，生活拮据，见到任伯年画，只能拿自己的画和别人交换。最初，徐画三四张才换任画一张，后来逐渐减少，到 40 年代，一张徐画就能换任画一张。

求斧伐枯枝

1929 年 9 月，徐悲鸿由蔡元培引荐，就任北平大学艺术学院院长。徐悲鸿转而聘齐白石为教授。

当时的北平画坛死气沉沉，以模仿古人为能事，保守势力相当顽固。木匠出身的齐白石大胆创新，变革画法，可惜却得不到多少响应，北平画坛对他一片冷嘲热讽。当徐悲鸿乘坐四轮马车来到齐家时，齐白石为其诚心而感动："我一个星塘老屋拿斧子的木匠，怎敢到高等学府当教授呢？"

"你岂止能教授我徐悲鸿的学生，也能教我徐悲鸿本人啊！"徐悲鸿说，"齐先生，我徐某正要借重您这把斧子，来砍砍北平画坛上的枯枝朽木！"

第七节　令毕加索生畏的画家
——齐白石

齐白石原名纯芝，字渭青，号兰亭，近现代中国绘画大师，世界文化名人。齐白石早年曾为木工，后以卖画为生，57 岁后定居北京。他擅画花鸟、虫鱼、山水、人物，笔墨雄浑滋润，色彩浓艳明快，造型简练生动，意境淳厚朴实。所作鱼虾虫蟹，天趣横生。其书工篆隶，取法秦汉碑版，行书饶古拙之趣，篆刻自成一家，亦能诗文，代表作有《蛙声十里出山泉》、《墨虾》等，著有《白石诗草》、《白石老人自述》等。

不教一日闲过的大师

齐白石小的时候家里生活艰难，读了半年书，他只得辍学打柴放牛。他从小爱好绘画，但由于家境的贫苦，买不起纸墨，便用废账簿和习字纸练习绘画，常常到深夜。12岁后，因体弱无力耕田，改学雕花木工，为了寻求雕花新样，他与绘画结下了不解之缘。有一年，他偶然得到一部残缺的乾隆年间翻刻的《芥子园画谱》，喜不自禁，反复临摹起来，逐步摸到了绘画的门径。

齐白石27岁那年正式从师。从此，他数十年如一日，几乎没有一天不画画。据记载，他一生只有三次间断过：第一次，是他63岁那年，生了一场大病，七天七夜昏迷不醒；第二次，是他64岁那年，他的母亲辞世，由于过分悲恸，几天不能画画；最后一次，是他95岁时，也因生病而辍笔。三次加起来也仅仅一个月的时间。他一生作画4万余幅，吟诗千首；他自称"三百石印富翁"，其实他治印共计三千多方，被著名文学家林琴南誉为"北方第一名手"，与他的画齐名。

齐白石直到60岁前画虾还主要是靠摹古。62岁时，齐白石认为自己对虾的领会还不够深入，需要长期细心观察和写生练习。于是就在画案上放一水碗，长年养着几只虾。他反复观察虾的形状、动态。然而，这个时期的功夫，依然还是侧重在追求外形。画出的虾外形很像，但精神不足，还不能表现出虾的透明质感。65岁以后，齐白石画虾产生了一个飞跃，虾的头、胸、身躯都有了质感。这以后他开始专攻虾的某些部位，画虾不仅追求形似，更追求神似。70岁达到了形神兼备的程度，到了80岁，齐白石老人笔下的虾简直是炉火纯青了。但他仍是非常勤奋。

85岁那年，他一天下午连续画了4张条幅，直到吃饭时，仍然要坚持再画一张。画完后题道："昨日大雨，心绪不宁，不曾作画。今朝制此补充之，不教一日闲过也。"真是勤勉不倦。他早年曾刻"天道酬勤"印章以自勉，临终前又留下"精于勤"的手迹以勉人。他还有一块"痴思长绳系日"的印章，足见他一生是何等的勤奋。1953 年，白石老人已是 93 岁高龄，一年中仍画下了 600 多幅画。

正因为他一日也不"闲过"，在绘画、篆刻方面做出了卓越的贡献，因此成为世界文化名人。他 90 寿辰时，国务院文化部授予他"中国人民杰出的艺术家"的光荣称号。

但丁说："最聪明的人是最不愿浪费时间的人。"自古以来在各个领域有所建树的人，都离不开对时间的重视和充分运用。

让画家张大千都深感佩服

张大千与齐白石在当时的北平相识，后来经过多次的接触交往，友谊甚深。齐白石比张大千大 35 岁，且二人的经历、习惯、性格等亦大不相同，但他们对艺术事业的共同孜孜追求把他们紧密地连在了一起。张大千对于齐白石的观察细微和格物致知的踏实作风非常佩服。

早先在北平时，有一次，张大千画了一幅《绿柳鸣蝉图》，送给号称"吉林三杰之一"的名收藏家徐鼐霖。该画画了一只大蝉卧在柳枝上，蝉头朝下，作欲飞状，画出了蝉的神气与柳枝的飘摇，十分生动可爱。徐鼐霖得到此画后，很是珍爱，特意拿去找齐白石，欲请齐在画上题首诗，以将此画作为徐家的家传至宝，子孙永远藏之。

谁知齐白石细瞧了一番此画后，却说："大千此画谬矣！蝉在柳枝上，其头永远应当是朝上的，绝对不能朝下。"自然，这诗是题不成了，徐鼐霖把画拿了回来，并把齐白石的意见给张大千讲了。张大千当时听了心中并不服气，这事他一直记在心底。

后来，抗战中他回到四川，住在青城山上时，有一年夏天中午，居处附近的蝉声聒噪得甚是厉害，张大千与其子心智，还有画家黄君璧，一块儿跑出去察看。只见几棵大树上密密麻麻趴满蝉，绝大多数蝉都是头朝上，只有少数的蝉头朝下，而附近几株柳条上的蝉，却均是一律地头朝上。张大千这时想起白石老人的话，大为感佩，却还未完全明白这其中的道理。

抗战胜利后，张大千回到故都，遂去向齐白石请教这个问题。齐白石说："画鸟虫，看似貌不起眼，但更必须要有依据，多观察，方能不致闹出笑话。拿蝉来说，因其头大身小，趴在树上，绝多是头在上身在下，这样可以站得牢。如果是在树干上，或者是在粗的树枝上，如槐树枝、梨树枝、枣树枝之类，蝉偶尔有头朝下者，也不足奇，因为这些树枝较粗。蝉即使是头朝下，也还可以抓得牢。但是，柳树枝就不同了，因其又细又飘柔，蝉攀附在上面，如果是头朝下身在上，它就会呆不稳了。所以，我们画一张画，无论是山水人物花鸟虫兽，都必须要有深刻的观察体会，然后再动笔。这样，才能充分表现出所画对象的真实姿态，和它们栩栩如生的气韵风格。否则，画出来的必然不像，与现实不合，这就叫欺世不负责！大千先生，你说是不是这样呢？"

我们中国人一向重视"格物致知""明察秋毫"。认真细致的敬业精神和踏实作风，不管对于从事艺术还是其他的工作都是非常重要的。作为青少年的我们更应该认识到这一点，凡事实事求是，脚踏实地，方可做到不欺世、不欺人。

第❸章

高风劲节——奏响生命乐章的音乐导师

音乐是一种神圣的、令人轻松愉快的艺术。音乐是一种情感的宣泄，音乐是情感的艺术，任何一首乐曲都是艺术家的情感产物，它通过乐谱或琴键来表现或活泼或婉转或庄严或凄凉的情感，使人们从中受到美的熏陶和情操的冶炼。全世界人都在寻求音乐的美，尤其是外国的音乐家更是对乐曲情有独钟。

第一节 浪漫的"钢琴之王"
——李斯特

弗朗茨·李斯特是著名的匈牙利作曲家、钢琴家、指挥家，伟大的浪漫主义大师，他是浪漫主义前期最杰出的代表人物之一。李斯特生于匈牙利雷定，6 岁起学钢琴，先后师从多位钢琴名家。16 岁定居巴黎。李斯特将钢琴的技巧发展到了无与伦比的程度，极大地丰富了钢琴的表现力，在钢琴上创造了管弦乐的效果，他还首创了背谱演奏法，也因此获得了"钢琴之王"的美称。

高尚情怀，亲收"女弟子"

李斯特长期侨居国外，经常在欧洲各地旅行演奏，有时也回到祖国来演出。当然，他只是在一些大城市里开演奏会，偏僻一些的城市是不大会去的。

一天，有座小城里传出了一个消息：李斯特的一名女弟子将要在这里举行钢琴演奏会。音乐爱好者们很少有机会亲耳听到李斯特的演奏，但觉得能听到他女弟子的琴声也是一种满足，所以把入场券订购一空，并且兴冲冲地等待演奏日子的到来。

可是他们万万没有想到，这位"李斯特的女弟子"是冒充的。原来，她是一位没有名气的女钢琴家，想借用李斯特这位"钢琴之王"的声望来吸引音乐爱好者听她的演奏，所以在她住的旅馆门前的招牌上擅自加上了这样的字样。她以为，李斯特决不会到这个小地方来，不可能知道她的假冒行为。

事有凑巧，在女钢琴家演出之前，李斯特忽然来到了这里。更凑巧的是，他正好走进她住的那家旅馆，而且看到了挂在门前的那块招牌。李斯特只是笑了笑，便住进这家旅馆，并且登记了自己的姓名。

这件事很快让那位女钢琴家知道了，她惊慌失措地来到李斯特的房间，一进门便扑倒在他脚下哭着说："李斯特先生，请您原谅，因为我……我……"

李斯特马上把她扶起，问清了原委后，和颜悦色地对她说："请你把演奏会上所要弹的乐曲在这里弹一曲给我听听可以吗？"女钢琴家立刻在李斯特面前弹了一曲。李斯特在旁对她指点了一番，在他觉得可以正式演奏后，站起来认真地对女钢琴家说："现在我已经教过你弹琴，所以，今后你是名副其实的'李斯特的女弟子'了。这回你开演奏会，我可以特地为你演奏一首。如果节目单还没有印刷，那么请添上一行。"女钢琴家又一次哭了起来。不过，这一次不是因为惊惧，而是出于内心的感动……

李斯特在音乐上的精湛造诣和宽容的品格，使他成为世界近代的名人之一。从李斯特身上我们可以看到一种精神，一个能在事业上做出杰出成就的人是值得赞叹的，能甘为人梯、热心帮助别人的人尤值得尊敬。

刻骨铭心的爱恋

潇洒帅气又多才多艺的李斯特以"小提琴魔鬼"帕格尼尼为目标，勤学苦练，最终登上了"钢琴之王"的宝座。天生的美貌加上优雅的风度尤其令女听众着魔。李斯特一生经历过几次恋爱，最为轰动的是他和卡洛琳·维特根斯坦公爵夫人的爱恋，但是这段旷古的恋情并不被当时的社会所接受。

李斯特爱上的卡洛琳是沙皇时期声名显赫的德裔公爵维特根斯坦的夫人，这位夫人比李斯特小 8 岁。1847 年，李斯特 36 岁，他到俄罗斯举办独奏音乐会，照例举办义演来捐助当地的慈善事业。在这次俄罗斯的义演中，居然有人花了贵宾席票价 100 倍的 1000 卢布买了一张票。这个消息让李斯特有些吃惊。这个人就是卡洛琳夫人。

他们就这样认识了，李斯特对她一见钟情。

这位家中只奴隶就有 3 万人的贵夫人，后来宁可被沙皇开除国籍、剥夺一切财产，宁死也要嫁给李斯特。李斯特和卡洛琳的爱情历经周折，一直耗到李斯特 50 岁生日时，本来已经被教皇允许和卡洛琳结婚了，却由于宗教和沙皇的原因婚还是没有结成。

漫长等待中的煎熬，一直熬到 1886 年，李斯特 75 岁，他们还是没能结成婚。这样的煎熬，让李斯特皈依了宗教，这一份蚀骨的痛苦在宗教中抚平、碾碎，却依然没有放弃卡洛琳。李斯特死后不到半年，卡洛琳也病逝罗马，和李斯特共赴生死之约。

李斯特说过："我所有的欢乐都得自她，我所有的痛苦也总能在她那儿找到慰藉……无论我做了什么有益的事，都必须归功于我如此热望能用妻子这个甜蜜名字称呼她——卡洛琳·维特根斯坦公爵夫人。"

不愧"钢琴之王"的称谓

李斯特于 1811 年生于匈牙利雷定，幼年的他即被称为"神童"，9 岁时举行了第一场钢琴独奏会。1821 年李斯特去了维也纳，随萨列里与车尔尼学习，后来得到了在巴黎和伦敦演出的机会。1823 ～ 1835 年李斯特住在巴黎，与柏辽兹和肖邦以及文学界、绘画界名流交往。他享有"风格趣味华丽非凡的钢琴炫技大师"的声名，盛极一时。

1840 ～ 1847 年，李斯特在欧洲各国巡回演出，1848 ～ 1859
年，任魏玛宫廷乐长，在此十年中指挥演出大量作品，特别是柏辽兹
和瓦格纳的作品，使魏玛一跃而为显赫的音乐中心。1850 年他指挥
了《罗恩格林》的首演。这 10 年也是李斯特自己的创作丰收的时期：
作有《浮士德》和《但丁》2 首交响曲、12 首交响诗和其他许多作品。
1860 年起他住在罗马艾斯特庄园，1865 年接受低品神职而成为李斯
特神父，这一时期他创作了许多宗教音乐，包括《圣伊丽莎白轶事》
和《基督》。

1869 年起，李斯特往返于罗马、魏玛和布达佩斯三地之间，最后
5 年致力于教学工作，门生中有西洛蒂、拉蒙德和魏因加特纳等人；同时，
创作进入重要的新阶段，每首作品的和声都有重要创新，如《愁云》和
《死神恰尔达什》，预示了德彪西的"印象主义"的产生。

第二节 波兰音乐的"民族之魂"
——肖邦

弗里德里克·弗朗索瓦·肖邦，波兰作曲家、钢琴家，1810 年生
于华沙近郊，父亲是法国人，侨居华沙任中学法文教员，母亲是波兰人。
肖邦是波兰音乐史上最重要的人物之一，是欧洲 19 世纪浪漫主义音乐
的代表人物，是历史上最具影响力和最受欢迎的钢琴作曲家之一。肖邦
一生创作的大多是钢琴曲，被誉为"浪漫主义的钢琴诗人"。

有鲜明民族特色的钢琴诗人

肖邦从小就显示出特殊的音乐天赋，不仅能弹奏钢琴，还能作曲。

7岁时，就发表了他的第一首作品——《g小调波兰舞曲》。8岁时，他举行了第一次公开的演出。18世纪末至19世纪中期的波兰，是一个多灾多难的国家，俄国、普鲁士、奥地利三个强国对弱小的波兰进行了三次瓜分。他们瓜分波兰的领土，奴役波兰的人民，还想扼杀波兰人民的民族意识。

波兰人民始终坚持不屈不挠的爱国斗争，同时，涌现出一大批爱国的思想家和文艺家。他们主张文艺要有鲜明的民族特性，要有热爱人民和自由的思想内涵，要有丰富的情感色彩。这些思想对肖邦有着极为深远的影响。肖邦的老师埃尔斯纳对肖邦说："你是天才，为人民而写作吧，要写得有通俗性、民族性。"这一切，给肖邦以后的思想发展带来了深刻的影响。

1830年，法国爆发的七月革命对欧洲各国的革命起了推动作用。这时，波兰的爱国力量又重新振奋起来，秘密的爱国组织也活跃起来。正是在这样一种动荡不安的形势下，肖邦的亲人、老师和朋友们敦促肖邦出国深造，并希望通过他的音乐创作和演奏为祖国获取荣誉。

1830年秋天，肖邦决定离开故乡，送别的友人以这样的话语叮咛着即将离去的肖邦："不论你在哪里流浪，愿你永不将祖国遗忘，绝不停止对祖国的热爱。"肖邦接受了友人们赠送的一只满盛祖国泥土的银杯，这样的送别场面，使肖邦百感交集，在踏上旅途时不禁失声痛哭。

1831年肖邦到达巴黎的时候，法国正处于君主立宪的"七月王朝"时期，王朝代表的是金融资产阶级的利益。肖邦很快就在巴黎成名了，他通过自己的创作、演奏和钢琴教学，赢得了人们高度的尊重。尽管肖邦对巴黎的上层社会极为反感，但他的活动大多局限于上层的沙龙，加上他自己也逐渐地过上了优越的生活，这必然会对他的思想产生一定的影响和局限，使他对资产阶级民主革命和社会改革缺乏应有的理解和同情。

肖邦从此一直在巴黎定居，只偶尔去外地旅行。肖邦经常和聚集在巴黎的各国著名的文艺家交流，如法国文学家雨果、匈牙利钢琴家李斯特、意大利作曲家贝利尼等。这些文艺家尽管各人的风格迥异，但是他们彼此之间的交往，启发了思想和创作上的灵感，这也是对肖邦精神生活的一种慰藉。可是，肖邦后半生在巴黎度过的岁月，仍然充满难以排遣的孤寂。举目无亲的感受，始终令他悲恸不已。

从19世纪30年代中期开始，肖邦经常患病，身体相当虚弱。举行公开的音乐会尽管可以带来金钱和荣誉，肖邦却并不喜欢，他最大的快乐还是和波兰同胞在一起。对于祖国、对于未来的祖国复兴，肖邦始终念念不忘。1846年波兰爆发了克拉科夫起义，加里西亚也发生了农民起义。这些事件曾激起肖邦的热情，他在信中欢呼道："加里西亚的农民给沃伦和波多尔农民做出了榜样；可怕的事情是不能避免的，但到最后，波兰将是一个强盛、美好的波兰。"对祖国命运的深切关怀，对祖国未来的热情憧憬，体现了肖邦对祖国始终不渝的热爱。正是这样的热爱使肖邦说出了他的遗愿："我知道，帕斯凯维奇决不允许把我的遗体运回华沙，那么，至少把我的心脏运回去吧。"

1849年，肖邦逝世后，按他的嘱咐，遗体埋在巴黎的彼尔·拉什兹墓地，紧靠着他最敬爱的作曲家贝利尼的墓。那只从华沙带来的银杯中的祖国泥土，被撒在他的墓地上。肖邦的心脏则被运回他一心向往的祖国，埋葬在哺育他成长的祖国大地中。

肖邦的作品几乎全是钢琴曲。他不仅写下了大量杰出的作品，并且对钢琴音乐乃至整个音乐创作的历史发展做出了重大的贡献。他的作品继承并发扬了欧洲18、19世纪初古典音乐的传统，极大地拓展了欧洲19世纪上半叶浪漫主义音乐的天地，并对19世纪下半叶浪漫主义音乐的继续发展、各民族乐派的兴起有很大的启发和影响作用。他的充满独创性的作品中常富有宽广如歌、感人至深的旋律，和声色彩丰富而极有表现力，节奏生动，并常与波兰民间音乐、舞蹈有密切的联系。形式体裁上也是多样的，具有高度的创造性。

爱情也能滋润创作之情

在肖邦意志颓丧、陷入生活危机的时候，他邂逅了比他大6岁的乔治·桑，这使得他重拾了精神上的信心。

第一眼见到乔治·桑，肖邦就感受到了她的与众不同。乔治·桑是一位诗人，她看上去十分高傲且极具自我意识。肖邦与乔治·桑的恋情是十分具有传奇色彩的。

1838年11月，乔治·桑带着她的两个孩子移居西班牙的马洛卡岛上的法德摩萨镇，其中一个孩子患有风湿症，乔治·桑根据医生的建议，希望西班牙的气候有助于孩子健康状况的好转。而此时肖邦也一同搬到了马洛卡。肖邦一生患有肺结核，他也希望温暖的气候能缓解他的病情，但是事与愿违，肖邦的肺结核因为房间条件差，加上糟糕的天气，发展成了肺炎。而乔治·桑孩子的病情有了明显好转，98天后，肖邦和乔治·桑离开了马洛卡岛。这段旅程虽短，但是对肖邦和乔治·桑都印象深刻，乔治·桑将这段经历记录在了她的小说《马洛卡岛上的冬天》中。

1839年~1843年的夏天，肖邦都是在乔治·桑位于家乡诺昂的庄园里度过的。这是一段宁静的日子，肖邦创作了大量作品，其中包括著名的波兰舞曲《英雄》。

肖邦和乔治·桑的恋情在1847年画上了句号，两人都没有公开分手的原因。

第三节　贫穷的"歌曲之王"
——舒伯特

弗朗茨·泽拉菲库斯·彼得·舒伯特是奥地利作曲家，他是早期浪漫主义音乐的代表人物，也被认为是古典主义音乐的最后一位巨匠。舒伯特在短短 31 年的生命中创作了 600 多首歌曲、18 部歌剧、歌唱剧和配剧音乐，10 部交响曲，19 首弦乐四重奏，22 首钢琴奏鸣曲，4 首小提琴奏鸣曲以及许多其他作品。

旋律无处不在

舒伯特思路敏捷，有人形容他的歌曲是"流出来"的。曾有这么一件事：

> 一天，舒伯特与朋友到维也纳郊外散步，走进一家小酒馆，见到桌上有一本莎士比亚的诗集，便拿起来朗读。忽然他问道："很好的旋律出来了，没有五线纸怎么办？"朋友们立即将桌上的菜单翻过来画了五条线递给他。这时舒伯特仿佛听不到周围的喧闹，一口气写成了一首歌曲，便是著名的《听！听！云雀》。

舒伯特生活在古典主义和浪漫主义交接时期，他的交响性风格继承的是古典主义的传统，但他的艺术歌曲和钢琴作品却完全是浪漫主义的，绝妙的抒情性使李斯特称他为"前所未有的最富诗意的音乐家"。

舒伯特在传统的室内乐中注入了自己的精神特性，他的室内乐作品都带有真正的舒伯特的印记，它们也是维也纳古典主义的最后一批作品。而在"即兴曲"和"音乐瞬间"中，舒伯特使钢琴唱出了新的抒情风格，它们的随想性、自发性和意料不到的魅力都成了浪漫主义的要素。

舒伯特最广为流传的是他的 600 多首歌曲，这些歌曲都是从诗的内心情感中直接产生出来的，没有人能胜过他那洋溢的才华和清新的情感。钢琴伴奏也产生了特殊的效果，用一两个小节描绘出潺潺小溪，街头艺人破旧的手摇风琴，或是"天堂门前"的云雀。谈到舒伯特的歌曲，可以引用舒曼对《C 大调交响曲》的评论："这种音乐把我们引入一种境地，使我们忘却了以前曾有过的东西。"

真正的天才不怕怀才不遇

1797 年舒伯特出生于维也纳近郊的里希田塔尔。他的父亲是一位知名的教师，同时也是一位业余音乐家，将自己的音乐知识都传授给了儿子。他的母亲在结婚前是一个女仆。

从 5 岁开始，舒伯特就随父亲开始学习，六岁时开始进入学校上课，他的音乐的启蒙也从那时开始。父亲教导他小提琴的基础，当他 7 岁时，师从霍尔泽教堂的乐队长——迈克尔·霍尔泽学习音乐。可是霍尔泽根本教不了他，要教的内容他早就会了，所以上课的内容变成了聊天，或者经常就是霍尔泽目瞪口呆地看着舒伯特演奏，吃惊地说不出话来。

小舒伯特从一名学徒工那里学到了更多的东西。那个学徒工曾带他去临近的一个钢琴仓库，给他以比他贫穷的家庭所能给予的更好的乐器练习机会。他的早年教育更显不足的另外一个原因是在那个年代，一个作曲家如果自己不是一个在公众面前的出色的演奏家，那他成名的机会几乎微乎其微。这样看来，他童年的音乐启蒙教育是不足以让他踏上音乐家之路的。

1808 年 8 月，他考进了皇家神学寄宿学校，并在皇家教堂童声合唱团里唱歌，在那里舒伯特开始接触了莫扎特的序曲和交响曲。正是大量不断地接触各种各样的曲谱，以及经常去歌剧院听歌剧，舒伯特开始为他后来的音乐之路打下坚实的基础。

同时，他的天赋引起了当时顶级作曲家安东尼奥·萨列里的注意，萨列里决定教授他作曲和音乐理论。舒伯特早期的室内乐很有特点，后来人们知道他家在周日和节假日经常演练弦乐四重奏，他的两个兄弟拉小提琴，他父亲拉大提琴，舒伯特自己拉中提琴。这正是他后来为之谱曲的业余合唱的雏形。

如果说 1815 年是舒伯特创作颇丰的一年，那么 1816 年却是他命运转折的一年。一个家境殷实的学生因为曾经听过舒伯特的歌曲前来拜访，他提出让舒伯特辞去学校的差事，并资助他安心进行音乐创作。

这个建议可谓雪中送炭。因为舒伯特刚刚申请卢布尔雅那宫廷乐师未果，正为压抑的教职闷闷不乐。他父亲同意了他的决定，很快在 4 月末舒伯特搬到了这个学生家寄宿。舒伯特曾经为了补贴家用试图教授音乐，但很快放弃，全身心地投入到音乐创作中。他后来说，"我整天都在写，每当我完成一部，马上开始下一部。"

同一时期舒伯特的朋友圈子也不断扩大。通过朋友介绍，他认识了约翰·迈克尔·沃格尔，著名的男中音，他为给舒伯特扩大影响经常在维也纳的沙龙演唱他谱的歌曲。出色的钢琴家约瑟夫·冯·盖伊经常演奏他的奏鸣曲和幻想曲。音乐世家松莱特纳一家，因为大儿子与舒伯特在皇家学院是同学，让舒伯特自由出入，而且为他举办音乐聚会，这种聚会很快被称为"舒伯特圈子"。

生计对于舒伯特来说也不是问题。众所周知，舒伯特当时一无所有，他辞掉了教职，也没有演出收入，而且那时没有出版商对他的作品感兴趣，但是他的仗义朋友们经常无所求地接济他，有的给他提供住处，有的提供乐器。他们一起出去吃饭，碰上谁带钱谁就付钱。舒伯特是聚会的明星，但一贫如洗。

1820 年开始舒伯特的艺术风格走向成熟。起初，舒伯特的大部分作品仍然局限于由业余歌唱团演唱，但这时的舒伯特向往着一份更体面的职位以赢得更多的听众，他也不懈地朝着这个方向努力着。

后人笔下的舒伯特通常是一个怀才不遇的天才，他的作品未能得到广大观众的重视。确实，舒伯特的伟大作品，如交响乐，并未产生重要的影响，歌剧也没有突破。造成这个结果的一个重要原因是他自己并未如莫扎特和贝多芬那样积极主动地设法在公众场合展现自己。直到1827年他才在朋友们的劝说下开了个人音乐会，而且取得巨大成功。

另一方面舒伯特却又名声在外。特别是他的朋友约翰·迈克尔·沃格尔作为歌唱家不遗余力地演唱他的作品。在他去世前，出版商们已经对他的作品感兴趣。在他生前已经有大约100首作品被出版——这个数字与他的总共600首歌曲比起来只是很小一部分，但和当时许多其他作曲家相比，已经很多了。

第四节　"先死而后生"的音乐之父
——巴赫

巴赫是德国著名的作曲家、羽管键琴家。巴赫4岁起学管风琴，24岁时便名噪柏林。巴赫的交响曲、协奏曲、键盘乐奏鸣曲等作品对古典奏鸣曲曲式的发展、完善有重大影响，是海顿、莫扎特和贝多芬的偶像。

执着于月下抄谱

德国著名音乐家巴赫的作品博大精深，除歌剧外，各种声乐和器乐体裁无不涉猎。

巴赫一生创作了 500 余篇各种体裁的音乐作品，在继承德国民族文化传统的基础上吸收了法国、意大利的音乐文化精华，发展了德国音乐的音乐语言、风格和表现形式，对莫扎特、贝多芬等人产生了深刻的影响，为欧洲音乐留下了丰富的遗产。然而，他小的时候家庭条件并不是很好。

> 巴赫从小父母双亡，他跟着大哥过日子。他酷爱音乐，常常一个人躲在低矮狭小的阁楼里，借着昏暗的灯光抄写著名音乐家的乐谱。
>
> 然而，严厉执拗的大哥并不理解弟弟美好的心愿，动辄训斥巴赫"鬼迷心窍"。为了防止巴赫晚上抄谱，他还收走了阁楼里的油灯和蜡烛。这是多么难以忍受的惩罚啊！巴赫陷入了深深的苦闷中。一天晚上，他百无聊赖地坐在阁楼的窗前，哼着一支忧伤的乐曲。忽然，他好像发现了新大陆似的，惊喜地喊了起来："这皎洁的月光，难道不比灯光强得多吗！"于是，他急忙从枕头下摸出乐谱集，借着月光，聚精会神地抄写起来。
>
> 正当巴赫沉浸在这优美旋律中的时候，大哥上楼来了。他发现弟弟不听自己劝告又在偷偷抄谱，怒不可遏，不由分说便是一记耳光。接着，又把巴赫辛辛苦苦抄写的乐谱撕了个粉碎。
>
> 大哥气呼呼地警告了巴赫一顿之后下楼去了。但是，他这番不通情理的粗暴干涉并没有动摇巴赫学习音乐的决心和毅力。巴赫含着委屈的眼泪，又继续借着月光抄起乐谱来了。

由于巴赫渴望学习先辈作品，一拿到弗罗贝格尔、布克斯特胡德等人的作品就偷偷在月光下抄写，整整抄了 6 个多月，以至于视力严重受损。他后来说："我不得不努力工作。"并且他还说："无论谁像我那样学习和工作，都会取得同样成就。"

无论外界的条件多么险恶，顽强的意志和强烈的兴趣能够克服一切困难，粉碎一切障碍，创造出有利于自我发展的学习环境。所以说，巴赫是一位"先死而后生"的音乐之父。

开拓了浪漫派风格的先河

1740年长笛家腓特烈大帝即位后，第一次举办长笛独奏音乐会即请巴赫伴奏，并任命他为宫廷乐师达28年之久。巴赫著有《论键盘乐器演奏艺术的真谛》一书，为当时的权威著作，今日仍为研究18世纪键盘乐器演奏方法之重要依据。1768年其教父 G·P·泰勒曼去世，继任乏人。大帝命巴赫赴汉堡，一身兼5个教堂乐长，直至逝世。在他去世以后，柏林和汉堡两地均争认巴赫为本城人，即柏林人称他柏林巴赫，汉堡人称他汉堡巴赫，声誉之隆，可见一斑。

他是近代奏鸣曲式创始人，创作了符腾堡与普鲁士奏鸣曲集。他的交响曲曾得到莫扎特与海顿的赞赏，莫扎特曾亲自指挥他的清唱剧《耶稣复活与升天》。他一生所处的时代正处于变革之中，因此在他的作品中，既有巴洛克音乐末期与古典主义音乐初期的混合风格，又有刻意模仿海顿、曲意迎合大帝所喜欢的华丽堂皇的风格。他的晚期作品大胆引进了大量半音阶模进乐句，开拓了浪漫派风格的先河。

他不满足于父亲作品中常用的复调写作方式，对纯对位表示蔑视。他的作品在18世纪中叶具有典型意义，其精华在于趣味高雅和精致洗练，对键盘乐器的表现性有深刻的理解。他具有惊人的即兴演奏技巧，作为演奏家，以技巧准确、音色优美和感情深刻而著称。他作有大量声乐曲和器乐曲，包括清唱剧两部：《以色列人在荒野》和《耶稣复活与升天》，键盘协奏曲50部和键盘奏鸣曲数集。

第五节　"交响乐之父"
——海顿

弗朗茨·约瑟夫·海顿，维也纳古典乐派的奠基人，出生于奥地利南方靠近匈牙利边境的风景秀丽的罗劳村。海顿是世界音乐史上影响巨大的重要作曲家，他是维也纳古典乐派的第一位代表人物，一位颇具创造精神的作曲家。

努力自学，羽翼渐丰

海顿出生在当时奥匈边境的一个小村子里，尽管父母亲不识乐谱，但在海顿的记忆里，一家人和邻居们经常在一起唱歌。在海顿很小的时候，人们就发现了他的音乐天赋。他五六岁时被送到一个亲戚家，在那里他接受了教堂唱诗班的训练。后来，维也纳的斯蒂芬大教堂音乐总监下乡选苗子的时候相中了海顿。总监把海顿带到了维也纳，在其后的 9 年里，海顿一直在儿童合唱团唱歌，在最后的 4 年是和他的弟弟迈克尔在一起。

其间海顿学习唱歌、钢琴和小提琴。路透修改了海顿的第一首作曲，但并未对他正规教授作曲课。尽管如此，海顿还是学到了很多——主要是通过自学，另外他很小就开始享受维也纳音乐环境的熏陶，这对一个音乐家来讲是至关重要的。

1749 年，海顿身体已经发育成熟，无法再唱出儿童合唱团要求的童声，于是走出合唱团。据说他在公园长凳上过了一夜，但随后被朋友收留，开始了他的自由音乐人的生涯。在这之后 10 年的艰难岁月里，海顿做过很多不同的工作，当过意大利一个作曲家的随从。他努力学习，以填补自己专业上的不足，并写出了他的第一首四重奏和第一部歌剧。在这期间，海顿的专业造诣逐渐提高，羽翼渐丰。

大概在 1757 年，海顿得到了他的第一个重要职位，即担任莫辛公爵的乐长。在他担任这一职位的那些年里，他写出了第一首交响乐作品。作为乐长指挥一个小乐队，并为之写出他的第一首交响乐、弦乐三重奏、卡萨欣、弦乐四重奏。这些曲谱多为手写，并没有印刷。莫辛公爵不久出现财政困难，于是不得不解散乐队。但很快海顿就于 1761 年又找到了一个类似的副乐长职位，不久又升任正职，这对他的创造无疑是有很大帮助的。

坚持 30 年音乐仆役的生活

1761 年，海顿被匈牙利最有权势的保罗·安东·埃斯特哈齐王子任命为宫廷副乐长，在此，他度过了长达 30 年之久的音乐仆役生活。

受雇于人的滋味是辛酸的。上班时，他必须穿上绣金花背心，白色长筒裤袜，头戴假发或梳辫子，脸上抹香粉。每天午餐前后要恭候在客厅里，等待主人有关当天音乐活动的安排指示。在创作上，必须在规定的日期内按主人的命题或要求，准时写成音乐作品。此外，还要监督乐队的纪律，看管好每件乐器，给新歌手上课，提高乐队水平等等。

海顿曾悲哀地写道："我坐在我的荒野里，几乎没有人类和我在一起，我是很痛苦的，最近几天我也不知道我是乐长还是剧场验票员，要知道经常做奴隶是很可悲的……"

尽管有时宫廷生活强加给他的种种约束惹他生气，他还是生活在这样一个世界中。这个世界既不怀疑王公的至高无上，也不怀疑穿制服的伟大艺术家的天才。关于他在埃斯特哈齐家中的地位，他自己的最后评价认为有利条件超过了不利条件："亲王总是对我的作品感到满意。我不仅经常受到鼓励，而且作为一个乐队的指挥，我可以进行实验，观察什么产生了效果、什么减弱了效果，我可以改进、替换、做一些增删，可以大胆地按我喜欢的那样去做。我与世隔绝，没有人来扰乱或折磨我，我被迫成为'独创才'。"

送给别人的一份珍贵礼物

有一次，海顿意外地接待了一位不速之客——一位屠夫。一见面，客人就恭恭敬敬地摘下帽子，虔诚地请求道："尊敬的大师，我最亲爱的小女儿即将举行婚礼，对我来说，这是重大事件。我满怀感激之情，请您为我写一首最美的小步舞曲。如此重大的请求，除了向您提出，我不知道还能去找谁了。"

善良诚恳的海顿立即慨然允诺。到了约定之日，他果真写成一首典雅的《C大调小步舞曲》，屠夫千恩万谢地取走了这份珍贵的礼物。几天之后，正当作曲家伏在书桌前全神贯注地埋头写作之际，窗外突然爆发出一阵震耳欲聋的混杂声响，着实把海顿吓了一跳！他好不容易才反应过来：这是有人在奏乐，是什么曲子呢？

海顿怀着一颗好奇的心仔细听了半天才恍然大悟：天哪！这不正是自己前几天作的那支《C大调小步舞曲》吗？他赶紧跑到窗口向外张望，只见台阶上立着一头强健的公牛，牛角上挂有金色的彩带，喜笑颜开的屠夫站在一旁，身后是满面春风的女儿、女婿，一支由流浪艺人组成的乐队正在起劲地吹吹打打！屠夫庄重地走上前来，恳切地说："尊敬的大师，对一个屠夫来说，用健壮的公牛来对优美的小步舞曲表示谢忱是最好不过的了。"

被称为"海顿爸爸"

从未有人对海顿的音乐天才表示怀疑，但却发生过面对着艺术家本人而怀疑他究竟是不是海顿的怪事。

由于海顿身材粗笨矮小，相貌又不大好看，致使一向喜爱海顿音乐的公爵夫人多恩在第一次见到他时竟失声问道："你真是海顿吗？"

尽管海顿的容貌并不出众，但却十分善良、纯朴、幽默和平易近人，因而，他的好友与崇拜者们都亲切而风趣地称他为"海顿爸爸"。

德国作曲家瓦格纳在评论海顿时曾这样讲道："他一生追求平静安逸的生活并力图保持受人尊敬的地位，所以他被看作唯命是从、卑躬屈膝的人。海顿不像莫扎特那样，敢于同封建势力进行斗争，更比不上贝多芬，英勇主动地向黑暗现实发动猛攻！海顿就是海顿，他虽有时对屈辱的处境感到痛苦，却能安于现状，自得其乐。他的音乐风格正如他的个性：乐观、亲切、真诚、爽朗、幽默。"

海顿被后人推崇为"交响曲之父"与"弦乐四重奏之父"。其实，无论交响曲还是弦乐四重奏都不是由他首创的，不过，这两个尊称却并不过誉，因为正是在他的培植下，这两种重要的器乐曲体裁才从草创进入了成熟阶段。

在弦乐四重奏中，他采用"说话的原则"，即各声部彼此像交谈般地呼应，既有清晰的旋律，又有复调的美感。莫扎特说："从海顿那里我才第一次学会了写作四重奏的真正方法。"在交响曲中，他"确立了以短小动机加以动力性展开的奏鸣性发展原则，废除了数字低音的传统，开始确立了近代管弦乐的编制和配器原则。"这些，都给予莫扎特和贝多芬很大的启迪，可以说海顿就是那"第一个吃螃蟹的人"。

第六节　造物主的杰作
——莫扎特

莫扎特是欧洲最伟大的古典主义音乐作曲家之一。35 岁便英年早逝的莫扎特，留下的重要作品却总括当时所有的音乐类型。在钢琴和小提琴相关的创作上，他无疑是一个天分极高的艺术家，谱出的协奏曲、交响曲、奏鸣曲、小夜曲、嬉游曲等等成为后来古典音乐的主要形式，同时他也是歌剧方面的专家，他的成就至今不朽于时代的变迁。此外其作曲风格同时兼具旋律及艺术性，悦耳开朗，令其作品地位足以与巴赫及贝多芬的作品相提并论，亦能让人感受到音乐由巴洛克时期转向古典主义时期。

一代乐圣的历练之旅

莫扎特的音乐家喻户晓，拨动着亿万人的心弦，乐评家们评价为"清丽而富有诗意，具有天籁般的魅力"。他奠定了近代协奏曲形式，并且在海顿之后进一步丰富了交响乐的表现力，被后人尊为一代"乐圣"。

莫扎特从小就显露出超人才华，被誉为世界上少有的音乐"神童"。莫扎特的父亲认为儿子的确在音乐方面具有才华，为了让孩子开阔眼界，便带着 6 岁的莫扎特和他姐姐周游德、奥、法、英、意等各国，开始了长达 10 年的旅行演出活动。他们所到之处都受到了热烈的掌声，尤其是莫扎特的表演常常让观众听得入迷。

"太美了，简直是太美了！""再来一曲，再来一曲！"在观众的欢呼声中，莫扎特常常要加演好多曲子，观众仍然不舍离去。8岁的莫扎特在英国演奏时，遇到了音乐大师巴赫，巴赫非常喜欢这位音乐天才，于是亲自指导他演奏和作曲。这一年，莫扎特写了3首交响乐和几首奏鸣曲。

据说莫扎特在罗马教皇的音乐厅里听到《圣经》里的一首圣歌《主啊，怜悯我们吧！》，这首歌来自一份非常珍贵的乐谱，是从不外传的珍藏品，违者开除教籍。但是，莫扎特听了一遍以后，便能把这首曲子演奏下来了，他甚至还凭着记忆将曲子完整地写了下来，只错了3个音符。从此，这首"绝密的圣歌"再也没有什么神秘性了。教皇知道此事后，被他的才华所折服，不但没有责怪他，还赐给他一个"金距轮"奖章。

莫扎特的父亲花费10年时间陪伴莫扎特在各国游历演出，有他自己的用意，那就是：一方面希望通过巡回演奏展示莫扎特惊人的天赋，以便获得皇家的赏识，赐予莫扎特一官半职；另一方面也希望通过周游列国，让莫扎特广泛接触各国作曲家和演奏家，从他们身上及作品中吸收新的作曲风格和各种音乐形式。这10年的旅行演奏虽然让莫扎特闻名遐迩，并在作曲上日臻成熟，但并没有为他带来实质性的功名利禄，也并未改善莫扎特一家原本不富裕的经济状况，在旅行途中还曾遭遇一些挫折与阻挠。

纵然一切不如人意，成年之前的莫扎特在父亲的全权安排和庇护下，在他父亲的恩主史拉顿巴赫大主教宽厚的支持下，生活可以说是无忧无虑、绚烂多彩的，充满着对新奇事物的刺激与求知成长的快乐。在这期间，莫扎特将各国的音乐风格消化吸收，加以整合，逐渐形成个人的风格。

俄国李奥波阿尔教授曾说过："要是你想成为一个优秀的音乐家，那么，你生来就应该是贫穷的，因为在贫困者心中，有一种说不出的、极其神秘、最最美丽的，可以增强人们力量、思考力、同情和慈爱心的元素。"他说得真对，莫扎特就是这么贫穷的人，他甚至买不起木炭来温暖他居住的破屋。在寒冷的冬天里，他只好把手插进穿在脚上的毛袜里取暖片刻，然后再继续工作。

生命中异常艰辛的阶段，恰恰是莫扎特在作曲上达到最成熟的阶段，他的几部最重要的歌剧如《费加罗婚礼》、《唐·乔凡尼》、《魔笛》、《女人心》等脍炙人口的歌剧和众多的小夜曲都创作于此时。

莫扎特的音乐常常被人们称作"永恒的阳光"，因为他的音乐即使在表现痛苦和悲伤时，也似乎含有天真纯洁的微笑。他那优美、机智的旋律总是充满明朗、淳朴的气质，他那典雅、热情的乐思像清泉一样纯洁、透明、自然、流畅而喷涌不尽。莫扎特的音乐给予人们的是经过生活锤炼后的纯真，他那面对严峻生活而永不泯灭的童心让人分外感动。罗马尼亚作曲家艾涅斯库曾说："莫扎特的音乐如同火山斜坡上的葡萄园，里面火热，充满了翻腾的岩浆，外面却是一片宁静、清新、甜美的景象。"

莫扎特在维也纳的生活充满了矛盾，一面是辉煌的成就，另一面是失望和潦倒。在维也纳的最后 10 年，是他作为自由音乐家进行创作的最重要时期，也是他以对艺术、对自由的执着信念向社会抗争的 10 年。自由对莫扎特来说同时意味着贫困，但莫扎特不怕贫困，坚韧地忍受着贫困的煎熬。然而疾病却过早地夺去了他的生命，1791 年 12 月，莫扎特病逝于维也纳，年仅 35 岁。

绝不背叛自己的梦想

莫扎特虽然很小就显示出非凡的音乐才能，但是，随着年龄的增长、作品的日益成熟，等待着他的却是贫困和压迫。他那些严肃的、带有进步思想的作品，越来越不为追求浮华的贵族们所接受。22 岁以前莫扎特两次旅行求职都没有成功，不得不返回萨尔斯堡当宫廷乐师。

新任的萨尔斯堡大公十分专横，音乐家在他的眼里连厨师的地位都不如。他给莫扎特规定了两条：一是不准到任何地方去演出；二是没有主教允许不得离开萨尔斯堡。每天清晨，他让莫扎特和其他仆人一起坐在走廊里等待分派当天的工作，并把莫扎特当杂役使用。

1780 年，无法在家乡忍受屈辱生活的莫扎特来到了维也纳，开始了他一生中音乐创作最辉煌的时期。他虽获得了自由，但接踵而来的便是贫困。为此，他工作十分勤奋，每天很早起床作曲，白天当家庭教师，晚上是繁重的演出活动，回来后再接着创作乐曲，直写到手累得拿不起笔为止。

26 岁的莫扎特成家之后，生活依然非常贫困。有了子女之后，更是难以糊口，全家生活在饥寒交迫之中。为了改变这种处境，莫扎特经常饿着肚子，拖着疲惫的身躯举行长时间、超负荷的音乐演奏会。只要挣了一点钱，他总是迫不及待地买些食物，急匆匆地赶回家去让全家人吃上一顿饱饭。看着自己幼小的孩子和孱弱的妻子吃饭时狼吞虎咽的样子，莫扎特多少次难禁热泪，他叩问上天，为什么在追求梦想的过程中，要付出如此沉重的代价！

很多时候，贵族们也会"慷慨"地施舍一些财物给莫扎特，但是他们的施舍是有目的的，他们希望听到莫扎特为他们演奏歌舞升平的靡靡之音，可是莫扎特没有妥协，他深信：真正的音乐应代表人民的心声，即使饿死，他也决不背叛自己的理想！于是，那些虚荣心得不到满足的贵族们恼羞成怒，讥笑莫扎特说："你个穷小子也有梦想？哼，梦想救不了你，总有一天，你会饿着肚皮来乞求我们的施舍。"

就是在这样的逆境中，莫扎特却仍不丧失高尚的情操，他鄙视那些仰人鼻息的乐匠，始终坚持自己的艺术思想。正是在生活最困苦的时期，他创作了《费加罗的婚礼》、《唐·璜》、《魔笛》等著名的歌剧。

每一个要在社会上得到地位的人，一定要经历一个巨大的困难与努力同行的时期。成功是一点一滴地积累起来的，拥有坚强的信念才能书写辉煌的人生。对准一个目标，毫不动摇、全力以赴地去追逐自己的梦想，只有这样才能逐渐扩大自己成功的可能性，甚至实现一番意想不到的事业。

第七节　痴心不改的音乐之子
——柴可夫斯基

　　彼得·伊里奇·柴可夫斯基是 19 世纪俄罗斯伟大的作曲家、音乐教育家，被誉为俄罗斯"伟大的音乐大师"。柴可夫斯基 1840 年出生，1859 年毕业于彼得堡法律学校，在司法部任职；1861 年入俄罗斯音乐协会音乐学习班；1863 年辞去司法部职务，献身音乐事业。1865年毕业后，在莫斯科音乐学院任教，同时积极创作，第一批作品问世。1878 ～ 1885 年间曾多次去西欧各国及美国旅行、演出。1893 年 6月荣获英国剑桥大学名誉博士学位，同年 10 月底在彼得堡指挥《第六交响曲》首次演出后不久即去世。

对音乐的热爱达到痴迷程度

　　柴可夫斯基从 5 岁开始学钢琴，几个月以后，就能熟练演奏一些名家的作品。1850 年，他的父亲被任命为圣彼得堡国立大学校长，于是，年轻的柴可夫斯基接受了非常好的基础教育，并且在音乐系主任的指导下继续学习钢琴。

　　柴可夫斯基的父亲支持了儿子对音乐的喜爱，他资助儿子师从一位从纽伦堡来的知名钢琴老师。在这位老师的指导下，柴可夫斯基产生了对德国音乐的兴趣，并且持续一生的对莫扎特音乐的喜爱也开始在心中萌芽。

柴可夫斯基于1858年离开学校后进入司法部做部长秘书，不久他就加入了司法部的合唱团。后辞职进入圣彼得堡音乐学院学习。

柴可夫斯基自圣彼得堡音乐学院毕业之后，安东·鲁宾斯坦的弟弟、莫斯科音乐学院的和声学教授尼古莱·鲁宾斯坦聘请他做音乐史的教师。当时的柴可夫斯基由于父亲已经退休，经济上颇为拮据，便欣然接受教职，接下来的10年都全心投入教学和创作。教书的待遇不是特别好，仅能糊口而已，但柴可夫斯基从事这份工作能有很充裕的时间创作，所以在从事教职的第一年就完成了第一号交响曲"冬之梦"，但听众反应不佳。没多久，他就因为压力太大又过度工作，在1877年因精神崩溃离开学校。休了一年假后，他尝试着回学校继续教书，但是没多久就放弃了，然后决定退休。在瑞士休养一阵子之后，便搬到基辅与妹妹同住。

自1868年开始，柴可夫斯基与俄国国民乐派的成员逐渐走得很近。1869年在巴拉基列夫建议下，便写了有名的管弦乐序曲《罗密欧与朱丽叶幻想序曲》。此后，柴可夫斯基的作曲风格越来越偏向西欧风格，与强调民族素材及风格的国民乐派渐行渐远。

有一次，柴可夫斯基在莫斯科临阵上场指挥他自己的歌剧《女妖》，之后便开始常态性地从事指挥工作。克服与生俱来的舞台恐惧症之后，他逐渐开始习惯在舞台上指挥自己的创作，并常在欧洲各地巡回演出，结识不少当时的音乐家。

1891年，柴可夫斯基受邀至美国指挥自己的作品，当年的5月，他在卡内基大厅的开幕仪式中指挥纽约音乐协会交响乐团演出。美国一行中，他也演出了著名的第一号钢琴协奏曲以及弦乐小乐曲。这首堪称柴可夫斯基最有名的《降b小调钢琴协奏曲》，1874年完成之初受到前同事尼可莱的恶评，也因此一直束之高阁迟迟未演，未料在美国首演却一炮而红，从此成为柴可夫斯基的招牌。

从 1877 年到他去世的 10 多年间，是柴可夫斯基在创作上获得辉煌成就的时期。他的第 4、第 5、第 6 交响曲以及标题交响曲《曼弗雷德》，歌剧、舞剧以及许多浪漫曲等，都是这一时期的名作。

柴可夫斯基一生中曾多次去西欧旅行，并于 1891 年赴美国指挥演奏自己的作品。1893 年 5 月，柴可夫斯基接受了英国剑桥大学授予的名誉博士学位，10 月 28 日在圣彼得堡亲自指挥其《第六交响曲》的首次演出，11 月 6 日由于霍乱症逝世。

柴可夫斯基生活的年代正处于沙皇专制制度腐朽没落的时期，他热爱祖国，关心俄国人民的命运，但他又看不到俄国社会的出路。他从生活中深深感受到俄国政治的黑暗与腐败，但他的政治态度却又是保守的王朝拥护者。这种无法克服的矛盾不断促使柴可夫斯基对祖国的前途、社会的出路、人生的意义进行深刻的思考，并把这种生活感受融化到他的创作中去，这可以说是柴可夫斯基创作上的基本思想倾向。

将思想感情融入音乐中

柴可夫斯基虽不直接选取现实的政治生活、社会冲突等作为自己创作的题材，但却通过自己对于时代悲剧性的感受，深刻揭示了对光明理想的追求、对生活意义的理解。

柴可夫斯基的旋律纯属俄罗斯风格，凄绝美艳，虽然难免给人以难脱窠臼的感觉，但是却带着一抹悲伤的感情。从创作基本面貌上看，柴可夫斯基的前期创作倾向于表现对光明欢乐的追求和信心，后期则更倾向于表现深入的悲剧性。他在交响曲、歌剧、芭蕾舞剧、协奏曲、音乐会序曲、室内乐以及声乐浪漫曲等方面都留下了大量名作。

柴可夫斯基善于在矛盾冲突中捕捉人物的思想感情，深入揭示人物的内心体验。他继承了格林卡以来俄国音乐发展的成就；又注意吸取西欧音乐文化发展的经验，重视向民间音乐学习，他把高度的专业创作技巧和俄罗斯民族音乐传统很好地结合起来，他把清晰而感人的旋律、强烈的戏剧性冲突和浓郁的民族风格独创性地、有机地融合在他的作品中，为俄国音乐文化和世界音乐文化做出了宝贵的贡献。

柴可夫斯基曾写道："至于我对音乐里俄罗斯元素的关注，是由于我常年生活在异国。在我年幼的时候，俄罗斯民族音乐无法描述的美丽就已经充满了我的生命。"柴可夫斯基是全世界最受欢迎的古典作曲家之一，他作品中流淌出的情感时而热情奔放，时而细腻婉转。他的音乐具有强烈的感染力，充满激情，乐章抒情又华丽，并带有强烈的管弦乐风格，这些都反映了作曲家极端情绪化、忧郁敏感的性格特征——会突然萎靡不振，又会在突然之间充满了乐观精神。

第 4 章

独辟蹊径——彰显独特魅力的书界泰斗

当现代人追求书法的形式、结构、线条等外在美以及探索文字内在的精神时，我们应该知道我国古代的书法艺术源远流长，有着许许多多我们取之不尽，用之不竭的宝藏。书法艺术典型地体现了东方艺术之美和东方文化的优秀，是我们民族永远值得自豪的艺术瑰宝，它以不同的风貌反映了时代的精神，故而艺术青春常在。

第一节　各尽法度，正书之祖

——钟繇

钟繇字元常，颍川长社（今河南许昌）人，相貌不凡，聪慧过人。三国时期曹魏著名书法家、政治家。

钟繇在书法方面颇有造诣，推动了小楷的发展，被后世尊为"楷书鼻祖"。钟繇对后世书法影响深远，王羲之等后世书法家都曾经潜心钻研学习钟繇书法。后世将钟繇与王羲之并称为"钟王"。

开创正书之先河

张怀瓘《书断》说："元常真书绝世，乃过于师，刚柔备焉。点画之间，多有异趣，可谓幽深无际，古雅有余。秦、汉以来，一人而已。"

钟繇篆、隶、真、行、草多种书体兼工，写得最好的是楷书，《宣和书谱》评价说："备尽法度，为正书之祖。"钟繇所处的时期，正是汉字由隶书向楷书演变并接近完成的时期。在完成汉字的这个重要的演变过程中，钟繇继往开来，起了有力的推动作用。一方面他能适应时代潮流，善于学习民间出现的新书体；另一方面他勤奋学习，善于思考与钻研。

钟繇的书法理论散见于有关书论内，其中最重要的是他关于用笔方面的论述。钟繇的楷书古雅浑朴，圆润遒劲，古风醇厚，笔法精简，自然天成。

据唐代张彦远《法书要录·笔法传授人名》说：蔡邕受于神人，而传与崔瑗及女文姬，文姬传之钟繇，钟繇传之卫夫人，卫夫人传之王羲之，王羲之传之王献之。

可见，钟繇是蔡邕书法的第二代传人。其实，钟繇的书法艺术之所以取得巨大成就，并不限于一家之学。宋代陈思《书苑菁华·秦汉魏四朝用笔法》就记述了钟繇的书法成功经过，说他少年时就跟随一个叫刘胜的人学习过 3 年书法，后来又学习曹喜、刘德升等人的书法。因此，钟繇与任何有成就的学者一样，都是集前人之大成，刻苦用功，努力学习的结果。钟繇在学习书法艺术时极为用功，有时甚至达到入迷的程度。

钟繇的书体主要是楷书、隶书和行书，南朝刘宋时人羊欣在《采古未能书人名》说："钟有三体，一曰铭石之书，最妙者也；二曰章程书，传秘书教小学者也；三曰行押书，相闻者也。"所谓"铭石书"，即指正楷，"章程书"即隶书（八分书），"行押书"指行书。钟繇书法真迹到东晋时已亡佚，人们今天所见到的要么为临摹本，要么系伪书，一般地认为有"五表""六帖""三碑"。

"五表"指《宣示表》、《荐季直表》、《贺捷表》、《调元表》、《力命表》，这是现存钟繇书法艺术性最高的作品，但都不是钟繇的真迹。"六帖"指《墓田丙舍帖》、《昨疏还示帖》、《白骑帖》、《常患帖》、《雪寒帖》、《长风帖》。"六帖"全部为临本，《丙舍帖》、《还示帖》成就较高，也较接近钟体，是上乘之作。至于《白骑帖》等四种则经多人辗转临摹，已远离钟体。"三碑"是《汉乙瑛置百石率史碑》、《魏上尊号碑》、《受禅碑》，这些全为刻本，是否钟繇所作已无从考证。

钟繇的书法古朴、典雅，字体大小相间，整体布局严谨、缜密，历代评论极高。梁武帝撰写了《观钟繇书法十二意》，称赞钟繇书法"巧趣精细，殆同机神"；庚肩吾将钟繇的书法列为"上品之上"，说"钟天然第一，工夫次之，妙尽许昌之碑，穷极邺下之牍"；张怀瓘更将钟书列为"神品"。此外，明岑宗旦、清刘熙载等都给以极高评价。

卫恒《四体书势·隶势》载钟繇语曰："鸟迹之变，乃惟左隶，（益蜀）彼烦文，从此简易。焕若星辰，郁劳云市"，此语见于《初学记》，内容主要谈隶书的演变及其笔法。

张彦远《法书要录》收有梁武帝萧衍《观钟繇书法十二意》，所谓十二意指平、直、均、密、锋、力、轻、决、补、损、巧、称，主要也是指用笔方法、间架结构等。

钟繇在中国书法史上影响很大，历来都认为他是"中国书史之祖"。他在书法史上首定楷书，对汉字的发展有重要贡献。陶宗仪《书史会要》云："钟王变体，始有古隶、今隶之分，夫以古法为隶，今法为楷可也。"钟繇之后，许多书法家竞相学习钟体，如王羲之父子就有多种钟体临本。后张昶、怀素、颜真卿、黄庭坚等在书体创作上都从各方面吸收了钟体之长、钟论之要。

总而论之，钟繇在中国书法史上占有相当重要的地位，他和东汉的张芝被人合称为"钟张"，又与东晋书圣王羲之并称为"钟王"，对于汉字书法的创立、发展、流变都有重要作用。

集中精力学习书法 30 年

据说钟繇小时候跟随刘胜去抱犊山，学习三年书法。钟繇常跟魏太祖、邯郸淳、韦诞等人一起谈论书法。

一次，钟繇向韦诞借《蔡伯喈笔法》看看，韦诞没有借给他，钟繇生气捶胸，口吐鲜血，曹操取出五粒灵丹让他服下，才救了他一条性命。韦诞死后，钟繇费了很大力气，终于得到了这部《蔡伯喈笔法》。从此，钟繇的书法日见长益，更趋精妙。

钟繇不仅爱好收藏名家作品，他看到各种物件都想到书法，试图将它们书写、描写下来。

据《书苑菁华》记载，钟繇临死时把儿子钟会叫到身边，交给他一部书法秘术，而且把自己刻苦用功的故事告诉钟会。他说，自己一生有30 余年时间集中精力学习书法，主要从蔡邕的书法技巧中掌握了写字要领。在学习过程中，不分白天黑夜，不论场合地点，有空就写，有机会就练。与人坐在一起谈天，就在周围地上练习。晚上休息，就以被子作纸张，结果时间长了被子划了个大窟窿。见到花草树木、虫鱼鸟兽等自然景物，就会与笔法联系起来，有时去厕所竟忘记了回来。在这样勤学苦练之下，钟繇的书法技艺愈发精进。他还精通三色书，即铭石书、章程书、行押书。

在苦练的同时，钟繇还十分注意向同时代人学习，如经常与曹操、邯郸淳、韦诞、孙子荆、关枇杷等人讨论用笔方法问题。钟繇不但自我要求严格，对于弟子门生也同样以严要求。据说钟繇的弟子宋翼学书认真，但成效不大，钟繇当面怒斥，结果宋翼3年不敢面见老师。最后宋翼终于学有所成，名震一时。对于儿子钟会，钟繇也常常苦口婆心，百般劝诫，钟会最后也取得了巨大成就，钟繇、钟会父子被人们称为"大小钟"。

第二节　行书之最，后无来者
——王羲之

王羲之字逸少，汉族，东晋时期著名书法家，有"书圣"之称。祖籍琅琊（今属山东临沂），后迁会稽山阴（今浙江绍兴），晚年隐居剡县金庭。其书法兼善隶、草、楷、行各体，精研体势，心摹手追，广采众长，备精诸体，冶于一炉，摆脱了汉魏笔风，自成一家，影响深远。代表作《兰亭序》被誉为"天下第一行书"。在书法史上，他与其子王献之合称为"二王"。

毛笔洗污了一水池

王羲之从4岁开始练字，他的父亲很注重对他的启蒙教育，经常带着他去当时著名的书法家卫夫人那儿做客。后来，卫夫人见他聪明伶俐，就把他收为自己的弟子。12岁那年，他偷偷拿了父亲的一本叫作《笔谈》的书，如饥似渴地读了起来。父亲发现后，就说："你年纪太小，还看不懂，等你大了再读吧。"没想到王羲之大声地说："我读得懂！"还把自己对书的理解讲给父亲听。父亲听了，觉得很惊异，就把书送给了他。

王羲之得到了《笔谈》，如虎添翼，写字的水平迅速提高了。有一天，卫夫人感叹地说："他一定是得到了写字的秘诀，我已经教不了他了。"从此，王羲之就自己练字了。

王羲之练字达到了痴迷的程度，他把所有的精力都用在练字上。他家门口有一个水池，王羲之天天都在水池里洗毛笔，日久天长，水池的水都变黑了。就这样，王羲之终于练出了一手好字。全文二十八行，三百二十四字，字字"飘若浮云，娇如游龙，波谲云诡，变化无穷"，一改汉魏以来质朴稳拙的书风，开妍美流便的先河，其雄秀之气，似出天然。章法、结构、笔法都很完美，是他三十三岁时的得意之作，标志着王羲之的书法艺术达到了最高的境界。他写的《兰亭序》被称为"天下第一行书"，古人称其："如清风出袖，明月入怀"，只是已经失传。据说是唐太宗因为太喜欢它了，就把它带进了自己的坟墓，《兰亭序》的踪迹成了千古之谜。

王羲之的书法平和自然，笔势委婉含蓄，遒美健秀，世人常用曹植《洛神赋》中的："翩若惊鸿，婉若游龙，荣曜秋菊，华茂春松。仿佛兮若轻云之蔽月，飘摇兮若流风之回雪"一句来赞美王羲之的书法之美。人评曰："龙跳天门，虎卧凤阁""天质自然，丰神盖代"。有关于他的成语有入木三分、东床快婿等，王羲之书风最明显特征是用笔细腻，结构多变。

王羲之书法影响了一代又一代人。唐代的欧阳询、虞世南、褚遂良、薛稷、颜真卿、柳公权，五代的杨凝式，宋代苏轼、黄庭坚、米芾、蔡襄，元代赵孟頫，明代董其昌，这些历代书法名家对王羲之心悦诚服，因而他享有"书圣"美誉。

聪明才智不仅只表现在习字上

王羲之的家族是东晋有名的望族，他的两位伯父是拥立司马睿建立东晋的佐命功臣，一位叫王导，任东晋宰相；另一位叫王敦，任大将军，掌管东晋的兵马大权。当时社会上流传着"王与马，共天下"的说法。王氏家族在东晋政权中权势之盛，地位之高，无与伦比。王敦虽已位极人臣，享尽荣华，但他的野心很大，一心想篡权夺位。王敦的谋士钱风一直在给王敦问鼎的野心出谋划策，他自己也存心想借此捞个开国元勋的职位，二人气味相投，成为知己。

一天早晨，王敦起床不久，钱风急如星火地走进王府大门，直奔客厅而来，王敦得报后立即到客厅与他见面。钱风欲言又止，向王敦使了个眼色，王敦抬起右手挥了挥，几个仆人都知趣地退了下去，二人关起门来，谈起了"谋反"的机密。

钱风用极为神秘的口气小声地对王敦说着。他带给王敦的似乎是一个不祥的消息，王敦听着听着，眉头渐渐皱了起来。二人情绪紧张，叽叽咕咕了好一阵子，王敦突然神情激动地站了起来，手一挥，正要开口说话，突然停了下来。原来他透过窗子，看到对面房间里垂着的帐帏动了一下，这使他想起侄儿王羲之还在床上睡觉。

王羲之这年才十一二岁，平时最受王敦器重。王敦把聪明机灵、悟性极高的王羲之看作是维持王家世家大族地位的"荣誉"标志之一，是王家下一代人中的佼佼者。因此，他经常把王羲之带在身边，留他在自己府中生活。这一次，王羲之已连续几天吃住在王敦家中了，他的卧室恰好紧挨着客厅。当钱风到来时，因为双方都很紧张，王敦便把王羲之在屋里睡觉的事给忘了。直到王敦站起身来，看到帐子动了一下，才想起来。于是，王敦大惊失色，对钱风说："不好！羲儿还在这里睡觉，我们刚才说的话，让他听去了可怎么办？"

策划起兵、夺位，是一件冒天下之大不韪的事，一旦走漏风声，策划者的身家性命将彻底毁灭，王敦和钱风对此十分清楚。两眼射出凶光的钱风对王敦急促地说："大将军，计划泄漏出去我们就死无葬身之地了。量小非君子，无毒不丈夫啊！"钱风怂恿王敦去杀王羲之。

听了钱风的话，王敦心一横，脚一跺，说："对，不能该断不断！"接着转头拔出了寒光逼人的青龙宝剑，提剑直奔王羲之睡觉的床前，钱风紧随其后。

王敦左手撩起帏帐，正待挥剑砍下去，却突然停了下来。原来王羲之这时发着微微的鼾声，睡得正香，胸脯随着均匀的呼吸一起一伏。王敦掀起帐子，王羲之也毫无反应。王敦爱怜地望着十分钟爱的侄儿，庆幸自己的密谋并没有被侄儿听去，于是，打消了杀侄儿的念头。王敦收回宝剑把它插入鞘中，拉着钱风的手走了出去。

王羲之差一点就成了伯父王敦的刀下鬼了。实际上，自从钱风进门时，王羲之就已醒来，无意中听到了伯父与钱风的谈话。王羲之很快意识到了自己的危险处境。当王敦提剑向他走来时，王羲之紧张的心几乎堵住了嗓子眼，他尽力使自己平静下来，两眼闭着，神态自若，完全像睡着一样，没有露出一点破绽来，从而救了自己一命。

在这场危难中，王羲之所做的就是装睡，而就是这一"装"使得王羲之得以保存了性命。并不是每个人都可以装得天衣无缝，这也是一种智谋。祸福往往是瞬间之事，面对突如其来的灾祸，不少人无法通权达变，往往会慌张行事暴露自己，而小小年纪的王羲之则有过人之处，能够面对灾祸，机智应对。

所以，为人处世，在周围环境发生变化时或正在改变的情况下，为了更好地适应环境，要根据客观需要采取适当的行动来保护自己，这就是随机应变的智慧。

东床快婿

东晋重臣郗鉴有个女儿 16 岁，尚未婚配，郗鉴爱女心切故要为女择婿。郗鉴与丞相王导情谊深厚，又同朝为官，听说其家子弟甚多，个个都才貌俱佳。一天早朝后，郗鉴就把自己择婿的想法告诉了王丞相。王丞相说："那好啊，我家里子弟很多，就由您到家里挑选吧，凡你相中的，不管是谁，我都同意。"

郗鉴就命心腹管家带上重礼到了王丞相家。王府子弟听说郗太尉派人觅婿，都仔细打扮一番出来相见。寻来觅去，一数少了一人。王府管家便领着郗府管家来到东跨院的书房里，就见靠东墙的床上一个袒腹仰卧的青年人，对太尉觅婿一事无动于衷。

郗府管家回到府中，对郗太尉说："王府的年轻公子 20 余人，听说郗府觅婿，都争先恐后，唯有东床上有位公子，袒腹躺着若无其事。"郗鉴说："我要选的就是这样的人，走，快领我去看。"郗鉴来到王府，见此人既豁达又文雅，才貌双全，当场下了聘礼，择为快婿。这个快婿就是王羲之。"东床快婿"的典故就是这样来的。

第三节　不择纸笔，皆能如意
——欧阳询

欧阳询字信本，汉族，唐朝潭州临湘（今长沙）人，史上著名的"楷书四大家"（欧阳询、颜真卿、柳公权、赵孟頫）之一，代表作楷书有

《九成宫醴泉铭》《皇甫诞碑》《化度寺碑》，行书有《仲尼梦奠帖》《行书千字文》。欧阳询对书法有其独到的见解，有书法论著《八诀》《传授诀》《用笔论》《三十六法》。

用 3 天时间揣摩石碑之字

欧阳询练习书法最初仿效王羲之、王献之，后独辟蹊径自成一家。欧阳询之楷书，在隋碑朴茂峻整的基础上，独辟蹊径，用笔道劲尖刻，锋锷森然，结字严谨庄重，间架坚实平衡，妍紧拔群，章法整体适度。

欧阳询聪敏勤学，读书一目十行，少年时就博览古今，精通《史记》、《汉书》和《东观汉记》三史，尤其笃好书法，几乎达到痴迷的程度。

据说有一次欧阳询骑马外出，偶然在道旁看到晋代书法名家索靖所写的石碑。他骑在马上仔细观看了一阵才离开，但刚走几步又忍不住再返回下马观赏，赞叹多次而不愿离去，便干脆铺上毡子坐下反复揣摩，最后竟在碑旁一连坐卧了 3 天才离去。

据《新唐书·儒学传》中如此评价欧阳询"貌寝侻，敏悟绝人"，意思是说欧阳询虽然丑，但却十分聪明。他的书法却誉满天下，人们都争着想得到他亲笔书写的尺牍文字，一旦得到就视作瑰宝，作为自己习字的范本。

唐武德（618 年～624 年）年间，高丽特地派使者来长安求取欧阳询的书法。唐高祖李渊感叹地说："没想到欧阳询的名声竟大到连远方的外族都知道。他们看到欧阳询的笔迹，一定以为他是位形貌魁梧的人物吧。"

欧阳询以 80 多岁的高龄逝世，身后传世的墨迹、碑刻都堪称书法艺术的瑰宝。后人将他与唐初的虞世南、褚遂良、薛稷合称为"初唐四大书家"。

欧阳询不仅是一代书法大家，而且是一位书法理论家，他在长期的书法实践中总结出练书习字的八法，即：（点）如高峰之坠石；（横戈）如长空之新月；（横）如千里之阵云；（竖）如万岁之枯藤；（坚戈）如劲松倒折，如落挂之石崖；（折）如万钧之弩发；（撇）如利剑断犀角；（捺）如一波之过笔。"八法"对明代人李淳的84法、清代人黄自元结构92法的著述均有启示。欧阳询所撰《传授诀》、《用笔论》、《八诀》、《三十六法》等都是他学书的经验总结，比较具体地总结了书法用笔、结体、章法等书法形式技巧和美学要求，是我国书法理论的珍贵遗产。

书法造诣极深

欧阳询的书法成就以楷书为最，笔力险劲，结构独异，后人称为"欧体"。其源出于汉隶，骨气劲峭，法度谨严，于平正中见险绝，于规矩中见飘逸，笔画穿插，安排妥帖。楷书以《九成宫醴泉铭》，行书以《梦奠帖》、《张翰帖》等为最著名。其他书体也无一不佳，唐张怀瓘《书断》中说："询八体尽能，笔力险劲，篆体尤精，飞白冠绝，峻于古人，犹龙蛇战斗之象，云雾轻宠之势，风旋雷激，操举若神。真行之杓出于大令，别成一体，森森然若武库矛戟，风神严于智水，润色寡于虞世南。其草书迭荡流通，视之二王，可为动色，然惊其跳骏，不避危险，伤于清雅之致。"

唐初书法家虞世南说他"不择纸笔，皆能如意"。他还能写一手好隶书，贞观五年的《徐州都督房彦谦碑》就是其隶书作品。究其用笔，圆兼备而劲险峭拔，"若草里惊蛇，云间电发。又如金刚怒目，力士挥拳"。他所写的《化度寺邑禅师舍利塔铭》、《虞恭公温彦博碑》、《皇甫诞碑》被称为"唐人楷书第一"。其中竖弯钩等笔画仍是隶笔。他的楷书无论用笔、结体都有十分严肃的程式，最便于初学。后人所传"欧阳结体三十六法"就是从他的楷书归纳出来的结字规律。他的行楷书《张翰思鲈帖》体势纵长，笔力劲健，墨迹传世，尤为宝贵。欧阳询的儿子欧阳通，书法一本家传，父子均名声著于书坛，被称为"大小欧阳"。小欧阳的《道因法师碑》隶意更浓，然而锋颖过露，含蓄处不及其父。

欧阳询的书法早在隋朝就已声名鹊起，远扬海外。进入唐朝，更是人书俱老，炉火纯青。但欧阳询自己却并不满足于已经取得的成就，依然读碑临帖，精益求精。

第四节　无垂不缩，无往不收
——米芾

米芾是北宋书法家、画家、书画理论家。祖籍太原，后迁居襄阳。他天资高迈、人物萧散，好洁成癖，书画自成一家。能画枯木竹石，时出新意，又能画山水，创为水墨云山墨戏，烟云掩映，平淡天真。善诗，工书法，精鉴别。擅篆、隶、楷、行、草等书体，长于临摹古人书法，达到乱真程度。"宋四家"之一。

创立独特的"米氏"书法

米芾自幼爱好读诗书，平生于书法用功最深，成就以行书为最大。虽然画迹不传于世，但书法作品却有较多留存。南宋以来的著名汇帖中，多数刻其法书，流播之广泛，影响之深远，在"北宋四大书家"中可首屈一指。康有为曾说："唐言结构，宋尚意趣。"意为宋代书法家讲求意趣和个性，而米芾在这方面尤其突出，是"北宋四大家"的杰出代表。

米芾习书，自称"集古字"，对古代大师的用笔、章法及气韵深有感悟并潜心研习，虽有人以为笑柄，也有赞美说"天姿辕轹未须夸，集古终能自立家"，这从一定程度上说明了米氏书法成功的来由。根据米芾自述，在听从苏东坡学习晋书以前，他受五位唐人的影响最深：颜真卿、欧阳询、褚遂良、沈传师、段季展。

米芾对书法的分布、结构、用笔，有着他独到的体会。要求"稳不俗、险不怪、老不枯、润不肥"，大概姜夔所记的"无垂不缩，无往不收"也是此意。即要求在变化中达到统一，把裹与藏、肥与瘦、疏与密、简与繁等对立因素融合起来，也就是"骨筋、皮肉、脂泽、风神俱全，犹如一佳士也"。章法上重视整体气韵，兼顾细节的完美，成竹在胸，书写过程中随遇而变，独出机巧。

米芾的用笔特点主要是善于在正侧、偃仰、向背、转折、顿挫中形成飘逸超迈的气势、沉着痛快的风格。字的起笔往往颇重，到中间稍轻，遇到转折时提笔侧锋直转而下。捺笔的变化也很多，下笔的着重点有时在起笔，有时在落笔，有时却在一笔的中间，对于较长的横画还有一波三折。勾也富有特色。

米芾的书法中常有侧倾的体势，欲左先右，欲扬先抑，都是为了增加跌宕跳跃的风姿、骏快飞扬的神气，以几十年集古字的浑厚功底作前提，故而出于天真自然，绝不矫揉造作。学米芾者，即使近水楼台者也不免有失"艰狂"。宋、元以来，论米芾法书，大概可区分为两种态度：一种是褒而不贬，推崇甚高；一种是有褒有贬，而褒的成分居多。持第一种态度的，可以苏轼为代表。

大智若愚的表现——米芾拜石

米芾一生非常喜欢把玩异石砚台，有时到了痴迷之态。据《梁溪漫志》记载：他在安徽无为做官时，听说濡须河边有一块奇形怪石，当时人们出于迷信，以为神仙之石，不敢妄加擅动，怕招来不测，而米芾立刻派人将其搬进自己的寓所，摆好供桌，上好供品，向怪石下拜，念念有词：我想见到石兄已经 20 年了，相见恨晚。此事日后被传了出去，由于有失官方体面，被人弹劾而罢了官。

但米芾一向把官阶看得并不很重，因此也不怎么感到后悔，后来就作了《拜石图》，作此图的意图也许是为了向他人展示一种内心的不满。李东阳在《怀麓堂集》中说："南州怪石不为奇，士有好奇心欲醉。平生两膝不着地，石业受之无愧色。"这里可以看出米芾对玩石的投入和傲岸不屈的刚直个性，大有李白"安能摧眉折腰事权贵，使我不得开心颜"的情怀，并开创了玩石的先河。

拜石这一事件，我们看到了一个疯疯癫癫的米芾，但是事实上他并不是真疯，而是真正的大智若愚，这从他的很多实例上都可以看出。

米芾的书法造诣很深，徽宗很喜欢他的书法，经常招他进宫写字，有一次他给皇上写完字后，非常喜欢皇上的御用砚台，便对徽宗说："皇帝的砚台不能给庶民用，而如今皇帝的砚台被我用过了，臣子是低等的，既然这砚台已经被我玷污了，皇上就送给我吧。"

皇帝很不舍得地把"好"字说出口，米芾害怕皇帝后悔，立刻抓着砚台就揣在怀里跑了。由于墨水都没来得及洗，搞得全身是墨水。

此外，米芾也是一个本性清高的人，他装傻并不是完全为了明哲保身。这就要说到他拜石的真正"内幕"了，石头质地坚固、脆硬，由于这一品质，它被画家所爱也是情理之中的，但是米芾能疯到见石就拜还是值得怀疑的，那为什么有记载说他认石为兄？

《名画的创造者》是这样说的："米芾知无为军后，为官清正，但是他的上司知州则是一个搜刮民财的老手，把地方百姓搞得民怨鼎沸，人们给他起了个外号叫面老鼠，米芾非常瞧不起这位知州大人，与其没有私人交往，但是，按照宋朝的规矩，每逢单日就要到州衙去参拜州官，这使米芾很不舒坦。

想来想去，米芾想了个办法。平日米芾喜爱收藏，也收集了一些奇石异物。他让自己的书童秦礼摆上那些石头和异物，自己穿上朝服，对石头拜了几拜。米芾拜石的时候，嘴里还念念有词'我宁愿参拜无知的石头，因为石头是干净的，也不拜你肮脏的面老鼠。'米芾拜过石头后，心情好受了许多，然后再到州衙去议事。从这以后，米芾每逢单日，就参拜石头。"

这是米芾正直的一面。在现实生活中，有时候我们也不得不做一些场面功夫，如果真是这样，懂得变通也许才是解决问题最好的方法。

第五节 兼众家之长，集诸体之美
——王献之

王献之，字子敬，祖籍山东临沂，东晋书法家、诗人，生于会稽（今浙江绍兴），王羲之第七子。官至中书令，为与后世书法家王珉区分，人称王大令。他自幼随父学习书法，后又师法张芝草书，形成了自己独特的书风。王献之擅长各种书体，尤精于行草书，书风笔迹流泽，婉转妍媚，为世人所重，与其父并称"二王"。

想超越父亲王羲之

与其父一样，王献之写楷多严整俊美，笔调媚俏。他们父子俩的楷笔千古不朽，万世流传，有不可磨灭的吸引力。

由晋末至梁代的一个半世纪，王献之的影响甚至超过了其父王羲之。梁书画家袁昂在《古今书评》中说"张芝惊奇，钟繇特绝，逸少鼎能，献之冠世"，将四贤并称。而宋齐之间书学地位最高者则一度推王献之。

献之从父学书，天资极高，并且他具有极强的创新意识，后来学习张芝的笔法，从而创出了上下相连的草书，媚妍甚至超过其父。梁陶弘景《与梁武帝论书启》云："比世皆尚子敬书"，"海内非惟不复知有元常，于逸少亦然"，当时几乎成了王献之的天下。而他对后世影响也非常深远，现代著名学者、书法家胡小石认为张旭、怀素一派之"狂草"，便是由王献之草书发展而成的。

王献之自幼聪明好学，在书法上专工草书隶书，也善画画。从小立下志向，要学好他父亲的字。他练了好几年，字写得确实不错了。

有一次，王羲之看献之正聚精会神地练习书法，便悄悄走到背后，突然伸手去抽献之手中的毛笔，献之握笔很牢，没被抽掉。父亲很高兴，夸赞道："此儿后当复有大名。"小献之听后面露沾沾自喜的神情。

还有一次，羲之的一位朋友让献之在扇子上写字，献之挥笔便写，突然笔落扇上，把字污染了，小献之灵机一动，一只小牛栩栩如生于扇面上。再加上众人对献之书法绘画赞不绝口，小献之滋长了骄傲情绪。献之的父母看此情景，若有所思……

一天，小献之问母亲郗氏："我只要再写上3年就可以超越父亲了吧？"妈妈摇摇头。"5年总行了吧？"妈妈又摇摇头。献之急了，冲着妈妈说："那您说究竟要多长时间？""你要记住，写完院里这18缸水，你的字才会有筋有骨，有血有肉，才会站得直立得稳。"献之一回头，原来父亲站在了他的背后。

王献之心中不服，什么都没说，一咬牙又练了5年。某一天，王献之把一大堆写好的字给父亲看，希望听到几句表扬的话。谁知，王羲之一张张掀过，一个劲地摇头。掀到一个"大"字，父亲现出了较满意的表情，随手在"大"字下填了一个点，然后把字稿全部退还给献之。

小献之心中仍然不服，又将全部习字抱给母亲看，并说："我又练了5年，并且是完全按照父亲的字样练的。您仔细看看，我和父亲的字还有什么不同？"母亲果然认真地看了3天，最后指着王羲之在"大"字下加的那个点儿，叹了口气说："吾儿磨尽三缸水，唯有一点似羲之。"献之听后泄气了，有气无力地说："难啊！这样下去，啥时候才能有好结果呢？"

母亲见他的娇气已经消尽了，就鼓励他说："孩子，只要功夫深，就没有过不去的河、翻不过的山。你只要像这几年一样坚持不懈地练下去，就一定会达到目的的！"献之听了母亲的鼓励，收起自满的情绪，用最严格的标准要求自己，在经年累月的潜心研习下终成一代书法大家。

也许是因为母亲的这一句忠告，当然主要原因还在于王献之自己的努力，他终于成为与其父并称的一代书法家。

书法"兼众家之长，集诸体之美"

王献之家学渊源，学习勤奋，其诗文书法，为东晋后起之秀。他一生的书法艺术并不守旧，且与父不同，字身喜带长形。

王献之笔下的草书，下笔熟练、润秀、飞舞风流，不亚于父亲王羲之。王献之自小跟随父亲练习书法，胸有大志，后期兼取张芝，别为一体。他以行书和草书闻名，但是楷书和隶书亦有深厚功底。由于唐太宗并不十分欣赏其作品，使得他的作品未像其父作品那样有大量留存。王献之的小楷书法代表作《洛神赋十三行》流传到唐宋时代就已经残损并亡佚了。

前人评论王献之的书法为"丹穴凤舞，清泉龙跃。精密渊巧，出于神智"。他的用笔，从"内拓"转为"外拓"。俞焯曾说："草书自汉张芝而下，妙人神品者，官奴一人而已。"他的传世草书墨宝有《鸭头丸帖》、《中秋帖》等，皆为唐摹本，他的《鸭头丸帖》，行草，共十五字，绢本。清代吴其贞在《书画记》里对此帖推崇备至，认为："（此帖）书法雅正，雄秀惊人，得天然妙趣，为无上神品也。"他的《中秋帖》行草，共二十二字，神采如新，片羽吉光，世所罕见。清朝乾隆皇帝将它收入《三希帖》，视为"国宝"。他还创造了"一笔书"，变其父上下不相连之草为相连之草，往往一笔连贯数字，由于其书法气势宏伟，故为世人所重。

王献之学书和他的父亲一样，不局限于学一门一体，而是穷通各家，所以能在"兼众家之长，集诸体之美"的基础上，创造出自己独特的风格，终于取得了与王羲之并列的艺术地位。

王献之是魏晋书家群体中的一位巨子，父亲王羲之的悉心的传授和指导，使他奠定了坚实的笔法基础。由于他是魏晋名家中晚出的一位，客观上为他提供了博采众家之长、兼善诸体之美的机遇，赢得了与王羲之并列的艺术地位和声望。

做任何事都能气定神闲

王献之很小的时候就有很大的名气，他超然洒脱，不受拘束，即使终日在家闲居，举止容貌也不懈怠，他的风流洒脱成为当时之冠。

在他几岁大的时候，曾经和看门人玩樗蒲，说："南风不竞（这局不行了）。"门人说："这小孩是管中窥豹，时见一斑。"（讥笑他见识不广，随口乱说）王献之生气地拂衣而去了。

他曾经和王徽之、王操之一起拜访谢安，两个哥哥都说一些生活琐事，王献之只是和谢安寒暄了几句。他们出去之后，客人问谢安王氏兄弟谁优谁差，谢安说："小的那个好。"客人问他原因，谢安说："优秀的人说话少，因为他说话少，就知道他的优秀了。"

有一次，王献之和王徽之在一个房子里，家里失火，王徽之来不及穿鞋，急忙逃了，而王献之面色不变，被仆人扶着走了出来。

有一天半夜，王献之睡在书斋里，家里来了个小偷，把东西都快偷光了。这时王献之才慢慢地说："偷儿，那青毡是我家祖传的，就把它留下吧。"小偷就被吓跑了。

由此可见王献之是一个不苟言辞，英明智慧的人。你想不想做一个聪明人呢？

第六节　酩酊大醉，落笔成书
——张旭

张旭，字伯高，一字季明，汉族，唐朝吴县（今江苏苏州）人。张旭以草书著名，性好酒，据《旧唐诗》线装本的记载，"每醉后号呼狂走，索笔挥洒，时称张颠"。

任何事物都能促发写作灵感

张旭是唐代书法家，他为人洒脱不羁，豁达大度，卓尔不群，才华横溢，学识渊博，与李白、贺知章相友善，杜甫将他三人列入"饮中八仙"，又与贺知章、张若虚、包融并称"吴中四士"，与怀素并称"颠张醉素"。

张旭是一位极有个性的草书大家，因他常喝得大醉，呼叫狂走，然后落笔成书，甚至以头发蘸墨书写，故又有"张颠"的雅称。

张旭性格豪放，嗜好饮酒，常在大醉后手舞足蹈，然后回到桌前，提笔落墨，一挥而就。有人说他粗鲁，其实他很细心，他认为在日常生活中所触到的事物，都能启发写字。偶有所获，即熔冶于自己的书法中。张旭的书法作品在当时极负盛名，人们只要得到他的片纸只字，都视若珍品，世袭珍藏。

当时，张旭有个邻居，家境贫困，听说张旭性情慷慨，就写信给张旭，希望得到他的资助。张旭非常同情邻人，便在信中说道："您只要说这信是张旭写的，可要价上百金。"邻人将信照着他的话上街售卖，果然不到半日就被争购一空。邻人高兴地回到家，并向张旭致万分的感谢。

张旭的书法始化于张芝、"二王"一路，以草书成就最高，史称"草圣"。他自己以继承"二王"传统为自豪，字字有法，另一方面又效法张芝草书之艺，创造出潇洒磊落、变幻莫测的狂草来，其状惊世骇俗。相传他见公主与担夫争道，又闻鼓吹而得笔法之意；在河南邺县时爱看公孙大娘舞西河剑器，并因此而得草书之神。张旭倍受同时代书法家推崇，颜真卿曾两度辞官向他请教笔法。

张旭是一位纯粹的艺术家，他把满腔情感倾注在点画之间，旁若无人，如醉如痴，如癫如狂。唐韩愈《送高闲上人序》中赞之："喜怒、窘穷、忧悲、愉佚、怨恨、思慕、酣醉、无聊、不平，有动于心，必于草书焉发之。观于物，见山水崖谷、鸟兽虫鱼、草木之花实、日月列星、风雨水火、雷霆霹雳、歌舞战斗、天地事物之变，可喜可愕，一寓于书，故旭之书，变动犹鬼神，不可端倪，以此终其身而名后世。"这是一位真正的艺术家对艺术执着的真实写照。难怪后人论及唐人书法，对欧、虞、褚、颜、柳、怀素等均有褒贬，唯对张旭无不赞叹不已，这是艺术史上绝无仅有的。唐文宗曾下诏，以李白诗歌、裴旻剑舞、张旭草书为"三绝"。苏轼称张旭："作字简远，如晋宋人。"黄庭坚誉其楷书名："唐人正书无能出其右者。"

熊秉明《中国书法理论体系》说："张旭是中国书法史上一个极重要的人物。他创造的狂草是向自由表现方向发展的一个极限，若更自由，文字将不可辨读，书法也就成了抽象点泼的绘画了。"

落笔成书，酒醉人清醒

洛阳城内阳光普照，莺歌燕语，一派歌舞升平的繁荣景象。

忽然，繁华的市中心人流涌动，街头巷尾的小商小贩忘记了手中的活计忙着去赶场，身居雅斋的饱学之士也迈出斗室匆匆忙忙赶去观看，就连身处异乡的旅行者也驻足欣赏。其间，喝彩声、击节声不绝于耳。

路人一边奔跑，一边相互告知："'张癫'又开始写字了，快去看！"

"张癫"即是张旭。此时，街道中央的张旭正在挥毫泼墨。他脸色红润，额头青筋突起，酩酊大醉，口中念念有词，时而呼喊大叫，时而踉跄奔走，如醉如痴，如癫如狂。

蓦然，他手操饱蘸水墨的毛锥，似醒似醉，摇摇晃晃地在铺开的宣纸上尽情挥洒开来。刹那间，笔墨淋漓，满纸氤氲，变幻多端，如骏马奔驰，倏忽千里，如群龙戏海，跃然纸上。

通观此时的书作，斐然跌宕，动静交错，波澜起伏而又井然有序。时而低昂回翔，翻转奔逐；时而若狂风大作，万马奔腾。状其声潇洒澎湃，抒其情深沉豁达。书者的情感在酒神的相助下，似明空的皓月，如澄澈的流水，像铿锵的玉声。围观者翘首观望，喝彩声、顿足声、击节声响切云霄。

随后，张旭将毛笔丢向一边，东奔西走，嘴中大呼长啸，浓浓的酒气从口中散出，狂态颠逸之相让人忍俊不禁。

正当围观之人为之惊讶时，醉意狂态中的张旭将头迅速地放到了盛满墨水的砚池当中扭转了几下，然后神速地将濡墨的头在纸上游走如飞，来往无矩，身体不断地晃动，嘴中不时地狂喊，墨水不住地流淌。此时此刻头变成了书写的工具，身体成了粗壮的笔杆子，颈部似乎变成了执笔的灵巧有力的大手。

顷刻间，接连不断的喝彩声、喧哗声顿时戛然而止，空气似乎一下子凝固了，山色为之沮丧，天地为之低昂，人人面面相觑，无不叹为观止。

精彩的书法表演很快人尽皆知，传为佳话。

张旭死后，大家都很怀念他。旧时，城内还曾建有"草圣祠"，祠内的一副楹联：“书道入神明，落纸云烟，今古竞传八法；酒狂称草圣，满堂风雨，岁时宜奠三杯”，表达了邑人对这位草书之圣的深深崇敬。常熟人民为了纪念张旭，直到今天，城内东门方塔附近还保留着一条"醉尉街"。

　　张旭洗笔砚的池塘也曾长期保留，称为"洗砚池"。苏州将兴建唐代张旭草圣祠，陈列展示张旭书法艺术成就，并成为国内外文人雅士笔会场所。苏州百姓以书法家张旭引为自豪，草圣张旭也是中华民族的骄傲与光荣。

第 5 章

情系社会——演绎人文情怀的戏剧大家

很多人总是喜欢拿"人生如戏"来做比喻,也许人生就如戏剧一样,有机缘、有悬念、有欣喜、有忧虑,更有想不到的旦夕祸福,这也就从一个侧面反映了戏剧的丰富性和艺术性。戏剧与人生的本质联系是一种精神联系,它的核心就是让人动心、让人动情。也许借着这些戏剧大师的笔,我们的某些情感才得以宣泄。

第一节　现实主义戏剧创始人
——易卜生

亨利克·约翰·易卜生生于挪威希恩，是一位影响深远的挪威剧作家，被认为是现代现实主义戏剧的创始人。易卜生是世界文学史上最伟大的名字之一，他是欧洲知识界取得现代突破的中心人物，被公认为"现代戏剧之父"。在今天，他的剧作仍然具有巨大的现实意义，仍在世界各地继续上演。据说，易卜生是继莎士比亚之后作品被上演最多的剧作家。

与社会上的不合理现象做斗争

易卜生于1828年出生在挪威一个小城希恩，他的父亲是一个富裕的木材商，父母特别喜爱这个宝贝儿子。在幸福的童年阶段，易卜生有许多梦想，他喜欢美术，幼时学习绘画，立志要做一名艺术家。不幸的是，在他童年的梦还没有醒时，父亲突然破产了，生活一下子从小康水平跌落到温饱线上，易卜生为了减轻家庭负担开始独立谋生。16岁时，他在一个药店当学徒工，工资勉强能够度日，但易卜生终于有了一处落脚的地方。他童年的梦想又在召唤着他，他在艰苦的生活环境中开始勤奋学习，并学习写一些诗歌。

1848年欧洲革命的浪潮波及挪威。少年的易卜生非常兴奋，他创作诗篇歌颂起来反抗压迫、要求独立的民族。在创作热情的鼓舞下，他完成了第一个剧本《卡提利那》。1850年，易卜生来到挪威首都奥斯陆参加了工人学生的革命运动，易卜生发挥自己的特长，帮助工人运动领袖做宣传工作，并担任学生刊物的编辑工作。不久，运动失败，易卜生专门从事创作活动。

易卜生决定以文学为阵地，与社会上的不合理现象做斗争。开始，易卜生从历史传说中取材，创作了一系列富于浪漫色彩的历史剧，有《厄斯特罗的英格夫人》、《觊觎王位的人》、《爱的喜剧》等，主要是以古代英雄的英勇行为激发人民的爱国激情。易卜生的戏剧一经上演就深受人们欢迎，早期创作就为易卜生赢得了很大声誉，先后被卑尔根剧院与挪威剧院聘为经理与艺术指导。1864 年，普奥联军侵略丹麦，易卜生对挪威的中立态度十分失望，他一怒之下离开祖国，侨居国外达 27 年之久。在国外，易卜生清醒地看到了各国官僚政客在民主、自由、解放的幌子下的钩心斗角。他把视线转移到现实社会中的法律、道德、妇女与教育问题上，他要揭穿资产阶级虚伪的面纱，把他们那种种丑恶的灵魂暴露于大庭广众之下，使人们警醒，以此来提高人民的素质水平。

1866 年至 1867 年，易卜生创作了两个哲理诗剧《布朗德》与《彼尔·金特》。1868 年，易卜生迁往德国。在德国，他写出了一系列以社会家庭问题为内容的现实主义戏剧，有《青年同盟》《社会支柱》《玩偶之家》《群鬼》《人民公敌》等 9 部，其中《社会支柱》《玩偶之家》《群鬼》《人民公敌》称为"四大问题剧"。这些剧本为易卜生带来了世界声誉。

《玩偶之家》是易卜生关注妇女解放问题的杰作，也是易卜生剧作中最优秀、影响最大的一部。易卜生以生活上的细节深刻揭露了资产阶级自私自利的虚伪面目，并创见性地提出了妇女解放的问题。剧本一上演，就遭到资产阶级评论界的非难，易卜生又写了《群鬼》，依然以妇女问题为主题，对那些反对者给予驳斥，指出妇女如果不求解放，终将成为悲剧。

1891 年，易卜生载誉而归，定居在挪威首都奥斯陆。这时，他已成为世界著名的戏剧大师了，社会名流纷纷前来拜访。

此后，他又写了《建筑师》《小艾友夫》《约翰·盖勃吕尔·博克曼》《我们死人醒来的时候》等 4 个剧本，其中《建筑师》是他对自己一生的回顾。1900 年，易卜生中风瘫痪，于 1906 年 5 月 23 日病逝。

命运受社会现实的不断影响

青年时期

1851 年秋，易卜生为卑尔根剧院创作了一首序曲，得到剧院创办人、著名小提琴手奥莱·布尔的赏识，被聘为寄宿剧作家，兼任编导，约定每年创作一部新剧本。1852 年，他奉派去丹麦和德国各地剧院参观。他在卑尔根剧院创作的剧本有《仲夏之夜》《勇士之墓》《埃斯特罗的英格夫人》《索尔豪格的宴会》和《奥拉夫·利列克朗》。这期间易卜生参加编导的剧本不少于 145 部，他在戏剧创作方面的实践经验可以和莎士比亚、莫里哀媲美。

1857 年，易卜生转到首都剧院担任编导，翌年和苏姗娜·托雷森结婚。1862 年，剧院破产，失去工作的他不得不借债度日，但仍孜孜不倦地进行创作。他在这所剧院先后写出了《海尔格兰的海盗》、《爱的喜剧》、《觊觎王位的人》等剧本。

易卜生提倡自由恋爱、反对旧式婚姻的《爱的喜剧》遭到社会上保守势力的恶毒攻击，他为此感到痛心。同时，1864 年丹麦和普鲁士之间的战争引起他对整个半岛的独立前途的忧虑，于是他决定出国远行。

就在这一年，他离开挪威移居意大利。漂泊异乡，疟疾缠身，又有家室之累，使他债台高筑，生活极为窘迫。他怀着绝望的心情写了一部诗剧《布兰德》，这是他旅居国外的第一个创作成果。以后又写了《彼尔·英特》，这两部剧本都表现了"个人精神反叛"的主题。通过《布兰德》，他谴责资本主义社会的丑恶现实，痛斥宗教道德，并提出了他自己的道德理想，愤激地鼓吹精神上的极端个人主义，表现出不妥协的精神："或者得到一切或者一无所有。"

落选诺奖

从 1901 年首届诺贝尔文学奖颁发开始，易卜生就被提名为候选人，他一直是强有力的竞争者之一，可惜前两次都失之交臂。当 1903 年瑞典文学院将目光投向斯堪的纳维亚半岛，特别是挪威以来，他的希望大增，可是同胞比昂斯滕·比昂逊成了他最大的竞争者。由于两人实力相当，曾经有人建议，两人共享此荣誉，可是有些院士以不符合评奖章程而否决，二人只能择其一。由于前两届得主都因为生病原因未能亲自前来领奖，瑞典文学院不希望今年再次有得主缺席，由于 75 岁的易卜生身患重病、卧床不起，而七十一岁的比昂逊虽也年迈，但还是生气勃勃，创作力旺盛。这样，瑞典学院选最终把文学奖单独颁发给比昂逊。

易卜生得知这一消息后，独自呆坐一旁，沉默不语。可见，他心有不甘，因为他晚年生病创作停顿，急需要通过获奖来挽回声誉。比昂逊领奖回来后前来看他，他握着对方的手，只说了三个字："祝贺你！"

无论易卜生有没有得到诺贝尔的奖项，他的创作才能和学识才华是不可否认的。有时候头衔只是一个虚名，值得我们骄傲的永远是真正的实力。

晚年时期

1864 年以后的 27 年间，易卜生一直侨居在罗马、德累斯顿、慕尼黑等地。1873 年，他写了《皇帝与加利利人》，在剧中提出了沟通情绪和精神的"第三境界"的概念。1874 和 1885 年，他曾两度回挪威作短暂的逗留。1891 年，易卜生以名作家的身份回到他的祖国。他后期创作的《建筑师》和《当我们死而复醒时》是自传性质的作品。1900 年易卜生因中风长期卧病后于 1906 年 5 月去世，挪威议会和各界人士为他举行了国葬。

第二节　时代的灵魂
——莎士比亚

　　威廉·莎士比亚是英国文学史上最杰出的戏剧家，也是西方文艺史上最杰出的作家之一，全世界最卓越的文学家之一。他流传下来的作品包括 38 部戏剧、155 首十四行诗、两首长叙事诗和其他诗歌。他的戏剧有各种主要语言的译本，且表演次数远远超过其他任何戏剧家的作品。

脚踏实地的创作一辈子

　　莎士比亚生于英国伦敦附近的斯特拉福德镇。他的父亲是位羊毛商人，生意很兴隆。父亲希望自己的儿子将来做一个牧师，一个商人，或者是一个有学问的绅士。因此，在莎士比亚六七岁的时候，就被送进一个有点名气的文法学校，学习英国语文、拉丁文法和修辞，也接触一些古代罗马的诗歌和戏剧。

　　关于莎士比亚少年时的轶事

　　莎士比亚读书时就卓尔不凡，与众不同。传说他年轻时在乡村当过教师，也有传言说他曾在一个叫托马斯·露西的富裕财主兼地方行政长官的土地上偷猎，结果被露西的管家发现，他为此挨了揍。莎士比亚出于报复的目的，就写了一首讥讽大财主的打油诗。这首诗没过多久便传遍了整个乡村，大财主无论走到哪里，总有人用这首打油诗来嘲笑他。托马斯乡绅非常恼火，于是准备想办法惩罚莎士比亚，莎士比亚因此被迫离开斯特拉福德小镇，到伦敦避难。

莎士比亚的剧团生涯

莎士比亚还在斯特拉福德小镇居住时，对戏剧表演已经非常熟悉，经常有一些旅行剧团到斯特拉福德小镇表演。

1586 年左右，莎士比亚到了伦敦，当时戏剧正迅速地流行起来。他先在剧院当马夫、杂役，后入剧团，做过演员、导演、编剧，并最终成为剧院股东。1588 年前后开始写作，先是改编前人的剧本，不久即开始独立创作。

到 1590 年年底，莎士比亚已经成为伦敦一家顶级剧团——詹姆斯·伯比奇经营的"内务大臣供奉剧团"的演员和剧作家。后来，莎士比亚向人证实了自己是一个脚踏实地、品行端正之人，他成为了剧团的股东，很快赢得了同仁们的尊敬和爱戴。

从 1594 年起，他所属的剧团受到王公大臣的庇护，被称为"宫内大臣剧团"；詹姆士一世即位后也予以关爱，改称为"国王的供奉剧团"，因此剧团除了经常的巡回演出外，也常常在宫廷中演出，莎士比亚创作的剧本进而蜚声社会各界。1596 年，他以他父亲的名义申请到"绅士"称号和拥有纹章的权利，又先后 3 次购置了可观的房地产。1597 年重返家乡购置房产，度过人生最后时光。他虽受过良好的基本教育，但是未上过大学，他依靠勤奋自学，成为了一个学识渊博的人。

1598 年大学人士 F·米尔斯已在其《智慧的宝库》中，列举莎士比亚 35 岁以前的剧作，称赞他的喜剧、悲剧都"无与伦比"，能和古代第一流戏剧诗人们并称，但他生前没出版过自己的剧作。写作的成功使莎士比亚赢得了骚桑普顿勋爵的眷顾，勋爵成了他的保护人。莎士比亚曾把他写的两首长诗《维纳斯与阿都尼》、《鲁克丽丝受辱记》献给勋爵，也曾为勋爵写过一些十四行诗。借助勋爵的关系，莎士比亚走进了贵族的文化沙龙，使他对上流社会有了观察和了解的机会，扩大了他的生活视野，为他日后的创作提供了丰富的源泉。

1599 年莎士比亚加入了伦敦著名的环球剧院，并成为股东兼演员。莎士比亚逐渐富裕起来，并为他的家庭取得了世袭贵族的称号。1612 年他作为一个有钱的绅士衣锦还乡。

1603 年，詹姆士一世继位，他的剧团受到格外重视，他和团中演员被任命为御前侍从，获得了大量在全国巡演以及在宫中表演的机会，莎士比亚的作品受到全国上下的关注。当时的剧坛为牛津、剑桥背景的"大学才子"们所把持，一个成名的剧作家曾以轻蔑的语气写文章嘲笑莎士比亚这样一个"粗俗的平民""暴发户式的乌鸦"竟敢同"高尚的天才"一比高低！但莎士比亚后来却赢得了包括大学生团体在内的广大观众的拥护和爱戴，学生们曾在学校业余演出过莎士比亚的一些剧本，如《哈姆雷特》、《错误的喜剧》。

莎士比亚在伦敦住了 20 多年，而在此期间他的妻子仍一直待在斯特拉福德，他在接近天命之年时隐退回归故里斯特拉福德。

1616 年莎士比亚在其 52 岁生日那天不幸去世，葬于圣三一教堂。

凭借勤奋努力跻身戏剧界

莎士比亚 13 岁的时候父亲破产了，一家人的生活失去了依托。他只得中途退学，帮助父母维持生意，做些家务。困苦的生活并没有使莎士比亚心灰意冷，他那充满幻想的头脑对任何事情都有浓厚的兴趣：大自然的美丽景色，使他赏心悦目；老人们讲述的动人故事，叫他浮想联翩；对未来的生活，他充满了憧憬。

剧团的演出在莎士比亚记忆的屏幕上总是留下那么明晰的影象。还在他幼年时期，伦敦城里最有名的女王剧团曾经到斯特拉福德镇演出过，此后多年中，每年都有几个剧团来这里演出，这些演出在莎士比亚幼小的心灵上播下了爱好戏剧的种子。

他常常邀集几个小伙伴，模仿自己看到的戏剧情节，有声有色地演起戏来。有时候，他为了思考一个剧中的情节，独自一个在田间小径上踱来踱去，琢磨某个角色的动作表情。他暗暗下了决心：要终身从事戏剧事业。他知道，当戏剧家要有很丰富的知识，因此，他开始如饥似渴地读着哲学、文学、历史等方面的书籍，自修希腊文和拉丁文，多方面地吸取营养。几年工夫，他已经是一个相当博学的人了。

一天，莎士比亚突发奇想，要是能在戏院里谋个职业就好了。可这样的机会不是太多，他就主动到戏院服务。他做马夫，专门等候在戏院门口伺候看戏的绅士。有乘车的贵客到了，他就赶紧迎上去拉住马匹，系好缰绳。日子长了，他和看门人混熟了。看门人特许他从门缝里和小洞里窥看戏台上的演出，他边看边细心琢磨剧情和角色。夜深人静的时候，是他发愤读书、苦练演戏本领的时候，他屋里烛光常常彻夜不熄。

莎士比亚凭借自己的勤奋努力，很快掌握了许多戏剧知识。有一位著名演员很欣赏莎士比亚的才能，请他到剧团里演配角。莎士比亚喜出望外，他知道在演出实践中能提高和丰富自己的艺术才能。为了演好戏，他经常深入下层社会，观察那些流浪汉、江湖艺人和乞丐，同自己周围的各种人谈心，学习他们的语言谈吐，熟悉他们的生活习惯，体会他们的思想感情。这样，他很快就成了一个十分活跃的演员。

莎士比亚深感自己的知识浅薄，于是他利用点滴时间苦苦读书，钻研哲学、文学、历史等方面的知识。在此期间，他不仅博览了大量的书籍，还广泛地接触了英国的现实社会。就这样，他凭借自己的勤奋和努力，开阔了视野，丰富了知识，仅用了1年多的时间，就为剧团写出了《亨利六世》等3部剧本，引起了戏剧界的注意。紧接着，他又连续写出了《理查三世》、《错误的喜剧》等剧本，也获得了极大的成功。

杰出人物和成功者之所以具有较强的分析问题和解决问题的能力，

留下了流芳千古的文字作品，根本原因在于他们具有丰富的知识。而这些知识的获得，都有赖于勤奋的学习。

第三节　幽默与讽刺的语言大师
——萧伯纳

萧伯纳，爱尔兰剧作家，1925 年因为作品兼有理想主义和人道主义而获诺贝尔文学奖，是英国现代杰出的现实主义戏剧作家，是世界著名的擅长幽默与讽刺的语言大师。萧伯纳的一生是和社会主义运动发生密切关系的一生，他认真研读过《资本论》，公开声言他"是一个普通的无产者""一个社会主义者"。他主张艺术应当反映迫切的社会问题，反对"为艺术而艺术"。

创作以讨论社会问题为主旨的"新戏剧"

萧伯纳 1856 年出生于爱尔兰的首都都柏林一个小公务员家里。他的父亲是个没落贵族，母亲出生于乡绅世家，从小受过严格的上等教育。

萧伯纳年幼时，音乐理论家万达里尔李与他们合租了一幢房子。受这位研究音乐的邻居影响，萧伯纳迷恋上了音乐，13 岁时，他就能用口哨吹出许多优秀歌剧的片段。由于家里太穷，15 岁的萧伯纳不得不辍学。

为了维持生活，他进入都柏林的汤森地产公司当学徒。1876 年，他的父母离婚。萧伯纳告别了年迈的父亲，离开了贫困的故土爱尔兰，随母亲来到伦敦。年轻的萧伯纳没有工作，靠母亲微薄的薪水维持生活，他十分渴望找到一份称心的职业。后来萧伯纳先在爱迪生电话公司外务部找到一份差事，可是不久这家公司倒闭了，别人给他介绍到《大黄蜂》报撰写音乐评论，可不久这份报刊也停刊了。万般无奈的萧伯纳想以写作谋生，但是他并不顺利，他接着写了 5 部长篇小说，被 60 家出版社全部拒绝，这令他更加沮丧。在长达 9 年的时间里他所得的稿酬不过 6 英镑，其中 5 英镑还是代写卖药广告的报酬。1876 ~ 1898 年他在伦敦从事新闻工作，在《明星报》、《星期六评论》上写了很多关于音乐和戏剧的评论文章。他在易卜生影响下，反对王尔德"为艺术而艺术"的观点，大力倡导和创作以讨论社会问题为主旨的"新戏剧"。

文学道路的坎坷并没有使萧伯纳灰心丧气，为了在社会上有立足之地，他更加勤奋地学习和写作，阅读了大量的文学作品，还热心于参加社会活动。但他有一个弱点，就是从小害羞，不敢在大庭广众之下说话，这样怎么可能被社会承认呢？为了克服这个缺点，萧伯纳参加了一个叫"考求者学会"的辩论会。由于经常当众与学者们辩论，不久，他就克服了自身的缺点，为了给别人留下深刻的印象，他特意留起了讽刺家式的发型，对着镜子练习怎样以潇洒的手势来加强演说效果。不久，他便以爱尔兰式的机智幽默赢得了听众的喜爱，很快就成了一位令人倾倒的演说家。在 12 年的时间里，他是靠演讲过日子的。他吸取了当初演讲从失败到成功的经验，坚信自己在文学道路上也不会失败。他鼓励自己，坚持每日写一定数量的文章。

19 世纪的英国戏剧一蹶不振，萧伯纳嘲笑它们是迎合低级趣味的"糖果店"，他认为戏剧应该依赖对立思想的冲突和不同意见的辩论来展开。不过，当他听了评剧家朗诵了易卜生的剧本《培尔·金特》后，感受到"一刹那间，这位伟大诗人的魔力打开了我的眼睛。"才开始对戏剧产生浓厚的兴趣，安下心来研究易卜生的剧本，并写下了《易卜生主义的精华》一书，这部书在欧洲戏剧史上有着重要的地位。在易卜生的影响下，萧伯纳看清了戏剧这个武器不仅能扫荡英国舞台的污秽，而且能倾诉自己对这个黑暗现实社会的不满，于是，他立志要革新英国的戏剧。

1892 年，萧伯纳正式开始创作剧本，他的第一个戏剧集是《不愉快的戏剧集》，其中包括《鳏夫的财产》《华伦夫人的职业》《荡子》三部剧本；第二个戏剧集包含有《武器与人》等四部剧本；第三个戏剧集《为清教徒而写的戏剧集》包含《魔鬼的门徒》等三部剧本。他的戏剧果真改变了 19 世纪末英国舞台的阴霾状况，他本人也成为戏剧界的革新家，掀开了英国戏剧史的新一页。

萧伯纳毕生创造幽默，他的墓志铭虽只有一句话，但恰恰体现了他幽默的风格："我早就知道无论我活多久，这种事情迟早总会发生的。"

萧伯纳的趣事

同你玩的姑娘

有一次，爱尔兰著名作家萧伯纳从苏联访问回来，他对朋友们谈了这次访问的感想。他说："有一天我在街头遇见一个苏联小姑娘，那小姑娘聪明活泼，逗人喜爱，便同她玩了很久。临别的时候，我对他说：'你回去告诉你妈妈，就说今天同你玩的是世界有名的作家萧伯纳。'而小姑娘听了我的话，竟然学着我的口吻说：'你回去也告诉你妈妈，就说今天同你玩的是苏联小姑娘娜塔莎。'"

"哈！"朋友们听了，都禁不住大笑起来。

"一个人不论有多大的成就，对任何人都应该平等相待，要永远谦虚。"萧伯纳深有感触地说。

劣性遗传

大作家萧伯纳年轻的时候便名声大噪了。美国著名舞蹈家邓肯有一次写信给他，说："假如我们两个结婚，生下的孩子头脑像你，面孔像我，该有多好哟。"

萧伯纳接到信，笑了笑，一本正经地给她回了一封信，其中一段是这样写的："要是生的孩子，头脑像你，而面孔像我，那岂不是糟透了！"

可见萧伯纳的幽默诙谐。

捐赠

美国妇女和平行动委员会曾写信给萧伯纳，请他为筹款义卖捐赠一本亲笔签名的书。萧伯纳回信拒绝说："我认为这种该由联合国进行的事业，对于你们小小的妇女行动委员会来说真是太伟大了。"

结果，委员会竟然拍卖了这封信，得到了 170 美元；而当时一本萧伯纳亲笔签名的书只售 70 美元。

皮鞋油商标

有一次，一个皮鞋油制造厂的老板要求萧伯纳允许该厂用他的名字作为一种新品种的皮鞋油的商标。老板对萧伯纳大大地恭维了一番之后说："这样一来，世界上千百万人都会知道您的大名了。"

萧伯纳立刻回答道："但是没有穿皮鞋的人可例外呐！"

征询狗的意见

文学大师萧伯纳有一天接到一位小姑娘写给他的一封信，信中说："您是一位最使我敬佩的作家，为了表示对您的热爱，我打算用您的名字来命名我的小狮子狗，不知您的意见如何？"

萧伯纳回信说："亲爱的孩子，我十分赞同你诚恳的希望。但是，最主要的一点是，你一定要和你的小狮子狗商量商量，并征得它的同意才是。"

巧对奚落

有一次，瘦削的萧伯纳遇到一位大腹便便的商人。商人想借机奚落他，便说："人们看见你，就知道世界上现在正在闹饥荒。"萧伯纳不慌不忙地予以回击，说："人们看见你，就知道闹饥荒的原因了。"

虽然他只是在别人的原话里加上几个字，但经过这样的改动之后，谁都能读出话中对商人唯利是图、为富不仁、奸诈狡猾的无情揭露与针砭意味。这样的"妙答"真是大快人心。

又有一次，有一个资本家想在众人面前羞辱萧伯纳。他大声宣告说："人们说，伟大的戏剧家都是白痴。"萧伯纳笑着说道："先生，我看此时此刻你就是最伟大的戏剧家。"想羞辱别人反而自取其辱，这个人脸都气绿了。

劳动和运动

在一次宴会上，萧伯纳恰好与某纺织厂经理的太太并座。"亲爱的萧伯纳先生"，这位身体肥胖、娇声娇气的阔太太问道："你是否知道哪种减肥药最有效？"

萧伯纳注视了一下这位邻座，装出一副正经的神态，用手持着长须答道："我倒是知道有一种药，但是，遗憾的是，我无论如何也翻译不出这个药名，因为'劳动'和'运动'这两个词对您来说是地道的外国字。"

有趣的雕像

萧伯纳崭露头角以后，法国著名雕刻艺术大师法朗索瓦·奥古斯特·罗丹曾为他塑过一次雕像。几十年后的一天，萧伯纳把这尊雕像拿出来给朋友看，并说："这件雕像有一点非常有趣，就是随着时间的推移，它变得越来越年轻了。"

第四节　不服老的"曲家圣人"
——关汉卿

关汉卿，元代杂剧作家，号已斋、已斋叟，汉族，解州人（今山西省运城），与马致远、郑光祖、白朴并称为"元曲四大家"。关汉卿是中国古代戏曲创作的代表人物，"元曲四大家"之首，以杂剧的成就最大，一生写了 60 多种，今存 18 种，最著名的有《窦娥冤》等，被誉"曲家圣人"。

坚持批判现实的战斗精神

关汉卿是中国文学史和戏剧史上一位伟大的作家，他一生创作了许多杂剧和散曲，成就卓著。他的剧作为元杂剧的繁荣与发展打下了坚实的基础，是元代杂剧的奠基人。他在世时就是戏曲界的领袖人物，《录鬼簿》中贾仲明吊词说他是"驱梨园领袖，总编修师首，捻杂剧班头"，"姓名香四大神物"。从元代周德清的《中原音韵》、明代何良俊的《四友斋丛说》到近代王国维的《宋元戏曲史》，都把他列为"元曲四大家"之首。著名的杂剧作家高文秀被称为"小汉卿"，杭州名作家沈和甫被称为"蛮子汉卿"，可见关汉卿在当时就已享有崇高的地位。

关汉卿一生创作了 60 多部杂剧，从民间传说、历史资料和元代现实生活里汲取了许多素材，真实地表现了元代人民反对封建阶级压迫与民族压迫的斗争。关汉卿从不写作神仙道化与隐居乐道的题材，他严肃的创作态度与批判现实的战斗精神对后世有巨大影响。

关汉卿是一位杰出的戏剧艺术家，他的悲剧《窦娥冤》"列之于世界大悲剧中亦无愧色"，是中国古典悲剧的典范；他的喜剧轻松、风趣、幽默，是后代喜剧的楷模。他的杂剧无论在艺术构思、戏剧冲突、人物塑造、语言运用等许多方面，都为后世提供了许多宝贵的艺术经验。他的许多杂剧经过改编一直在舞台上演出，为人民所喜爱，给人以强烈的美的享受。

但是，元明清三代只有少数慧眼独具的评论家能正确评价关汉卿。有的人站在封建统治阶级立场上贬低他的影响，如朱权说"观其词语，乃可上可下之才"。明代有的封建文人还肆意篡改他的作品，把《窦娥冤》改成一部"翁做高官婿状元，夫妻母子重相会"的庸俗喜剧《金锁记》，磨平原作反抗的棱角，就是一个典型的例子。

关汉卿的作品是一个丰富多彩的艺术宝库，早在 100 多年前，他的《窦娥冤》等作品已被翻译介绍到欧洲。中华人民共和国成立后，关汉卿的研究工作受到高度重视，出版了他的戏曲全集。1958 年，关汉卿被世界和平理事会提名为"世界文化名人"，北京隆重举行了关汉卿戏剧活动 700 年纪念大会，他的作品已成为中国人民和世界人民共同的精神财富。

有警世作用是关剧的本色

关剧是中国古典戏曲艺术的一个高峰。关汉卿娴熟地运用元代杂剧的形式，在塑造人物形象、处理戏剧冲突、运用戏曲语言诸方面均有杰出的成就。

关汉卿的剧作把塑造正面主人公放在首要的地位。《窦娥冤》自始至终把戏集中在窦娥身上，先写她悲惨的身世，继之展开她和流氓地痞的冲突，再集中写贪官污吏对她的压迫，最后写她的复仇抗争。《单刀会》极力烘托关羽的英雄气概，使关羽虽未上场但已有先声夺人的强烈效果。在中国文学史上，还没有一个戏曲家像关汉卿那样塑造出如此众多而又鲜明的艺术形象。在《窦娥冤》《望江亭》《拜月亭》《西蜀梦》《诈妮子》等剧里，出色的心理描写打开了作品人物内心世界的窗扉，成为塑造主要人物形象不可缺少的艺术手段。

在处理戏剧冲突方面，关汉卿善于提炼激动人心的戏剧情节。这里有善良无辜的寡妇被屈斩而天地变色的奇迹（《窦娥冤》）；有单枪匹马慑服敌人的英雄业绩（《单刀会》《单鞭夺槊》）；有忍痛送妻子去让权豪霸占的丈夫（《鲁斋郎》）；有让亲生儿子偿命而保存前妻儿子的母亲（《蝴蝶梦》）；有被所爱的人抛弃而被迫为他去说亲的婢女（《诈妮子》）。这些情节看来既富有传奇色彩，又都是扎根在深厚的现实土壤里的。

关剧紧凑集中，不枝不蔓，省略次要情节以突出主要事件。《窦娥冤》在这方面最为杰出，它除用楔子作序幕，交代窦娥身世外，接下的四折戏都帷幕启处见冲突。至于窦娥的结婚、丈夫的病死等事件均一句带过，甚至连窦娥丈夫的名字作者都吝于交代。

关剧善于处理戏剧冲突还表现在它的过场戏简洁，戏剧场面随步换形，富于变化，这在《望江亭》《拜月亭》《单鞭夺槊》《哭存孝》诸剧里尤为突出。如《哭存孝》剧中，刘夫人到李克用处为李存孝说情，眼看李存孝就要得救了，突然刘夫人出去看打围落马的亲子，李存信乘机进谗，存孝随即被车裂。这样处理戏剧场面，摇曳多姿，变化莫测，出观众意想之外，又在人物情理之中，效果十分强烈。

关汉卿是一位杰出的语言艺术大师，他汲取大量民间生动的语言，熔铸精美的古典诗词，创造出一种生动流畅、本色当行的语言风格。他是元曲中本色派的杰出代表，真正做到了"人习其方言，事肖其本色。境无旁溢，语无外假"（臧晋叔《元曲选·序》）。

关剧的本色语言风格首先表现在人物语言的性格化上，曲白酷肖人物声口，符合人物身份。如窦娥的朴素无华，赵盼儿的利落老辣，宋引章的天真纯朴，谢天香的温柔软弱，杜蕊娘的泼辣干练，皆惟妙惟肖，宛如口出。同是反面人物，葛彪的语言粗鲁强横，不脱恶霸凶徒的本色；周舍的语言干练利索，很符合他"酒肉场中三十载，花星整照二十年"的老狎客身份；杨衙内口白粗鄙，有时却附庸风雅，装模作样；张驴儿语言流里流气，切合他流氓无赖的性格；鲁斋郎权势显赫，是一个吃人不吐骨头的大贵族官僚，他讲话时彬彬有礼，并不挟粗棍子吓人，有时甚至还带着几分幽默，这些表面上不温不火的说白，令他炙手可热的威势发出一股咄咄逼人的寒光，更见其性格的蛮横冷酷。语言切合人物的身份性格，这是关剧艺术描写上的一大特色。

关剧本色的语言风格还表现在作者不务新巧，不事雕琢藻绘，创造了一种富有特色的通俗、流畅、生动的语言风格。

关汉卿是一位熟悉舞台艺术的戏曲家，他的戏曲语言既本色又当行，具有"入耳消融"的特点，没有艰深晦涩的毛病。关剧在词曲念白的安排上也恰到好处，曲白相生，自然熨帖，不愧是当时戏曲家中一位"总编修师首"的人物。

第五节　蓄须明志的戏曲大师
——梅兰芳

梅兰芳，名澜，字畹华，别署缀玉轩主人，艺名兰芳。祖籍江苏泰州，清光绪二十年出生于北京的一个梨园世家。梅兰芳是近代杰出的京昆旦行演员，"四大名旦"之首，"梅派"艺术创始人；同时也是享有国际盛誉的表演艺术大师，其表演受到国内外戏剧大师的大力推崇。在西方人的眼中，梅兰芳就是京剧的代名词，他的代表剧目有《贵妃醉酒》、《霸王别姬》等；昆曲有《游园惊梦》、《断桥》等。

永远谦恭礼让、温文尔雅

京剧艺术大师梅兰芳出身于京剧世家，祖父梅巧玲是清末著名旦角演员，伯父梅雨田是京剧胡琴演奏家，父母均为京剧演员。他8岁学艺，11岁登台，刻苦钻研不断实践，继承并发扬了京剧传统艺术，成为"四大名旦"之首。他的表演艺术很早就蜚声海内外，但他到16岁才起了"梅兰芳"这个艺名。

1915年，梅兰芳大量排演新剧目，在京剧唱腔、念白、舞蹈、音乐、服装上均进行了独树一帜的艺术创新，被称为"梅派大师"。1918年后他移居上海，这是他戏剧艺术炉火纯青的顶峰时代，多次在天蟾舞台演出，他综合了青衣、花旦、刀马旦的表演方式，创造了醇厚流利的唱腔，形成独具一格的梅派，攀到了常人难以企及的艺术高度。

梅兰芳先生一生热爱戏剧，热爱表演，把毕生精力献给了京剧艺术事业，在半个多世纪的舞台实践中，他继承传统、勇于创新、精益求精，将我国戏曲艺术的精华集于一身，创作了众多优美而令人难忘的艺术形象，积累了大量的优秀剧目，发展并提高了京剧旦角的演唱和表演艺术，形成了具有独特风格、大家风范的表演艺术流派——梅派，对现代中国戏曲艺术的发展起了承前启后的作用。

此外，梅兰芳先生在促进我国与其他国家地区间的文化交流方面做出了卓越的贡献，他是我国向海外传播京剧艺术的先驱。他曾于 1919 年、1924 年和 1956 年三次访问日本，1930 年访问美国，1935 年和 1952 年两次访问苏联进行演出，获得盛誉，并结识了众多国际著名的艺术家、戏剧家、歌唱家、舞蹈家、作家和画家，同他们建立了诚挚的友谊。他的这些活动不仅增进了各国人民对中国文化的了解，也使我国京剧艺术跻身于世界戏剧之林，以梅兰芳为代表的中国戏曲表演艺术被认为是当今"世界三大主要表演体系"之一。

　　京剧大师梅兰芳不仅在京剧艺术上有很深的造诣，而且还是丹青妙手。他拜名画家齐白石为师，虚心求教，总是执弟子之礼，经常为白石老人磨墨铺纸，全不因为自己是蜚声中外的著名演员而自傲。

　　有一次齐白石和梅兰芳同到别人家做客，白石老人先到，他布衣布鞋，其他宾朋皆社会名流，或西装革履或长袍马褂，齐白石显得有些寒酸，不引人注意。不久，梅兰芳到来，主人高兴相迎，其余宾客也都蜂拥而上，争相同他握手。可梅兰芳知道齐白石也来赴宴，便四下环顾，仔细寻找老师。

　　看到被冷落在一旁的白石老人，他就让开别人一只只伸过来的手，挤出人群向画家恭恭敬敬地叫了一声"老师"，向他致意问安。在座的人见状都很惊讶，齐白石先生也深受感动，几天后特向梅兰芳馈赠《雪中送炭图》并题诗道：记得前朝享太平，布衣尊贵动公卿。如今沦落长安市,幸有梅郎识姓名。

梅兰芳不仅拜画家为师,他也拜普通人为师。有一次在演出京剧《杀借》时,在众多喝彩叫好声中,他听到有个老年观众说"不好"梅兰芳来不及卸装更衣就用专车把这位老人接到家中,恭恭敬敬地对老人说:"说我不好的人,是我的老师。先生说我不好,必有高见,定请赐教,学生决心亡羊补牢"。老人指出:"阎惜姣上楼和下楼的台步,按梨园规定,应是上七下八,不知您为何八上八下?"梅兰芳恍然大悟,连声称谢。以后梅兰芳经常请这位老先生观看他演出,请他指正,称他"老师"。

谦虚使人进步,骄傲使人落后。面对自己的成绩永远不感到满足,不断地用一切知识充实自己的头脑,不断地努力使自己前进,这样的人会不断进步。但如果他很满足,很骄傲,认为自己什么都会了,从而放弃学习,终日无所事事,那么他可能会从成功的天堂一步步走向失败的墓地。

蓄须明志,苦守民族气节

梅兰芳先生是闻名世界的京剧表演艺术家,他在舞台上唱旦角,为了演出的需要,他总是把胡须剃得干干净净的。

但是,在他一生中,却有8年是蓄着胡须的。那是在日本帝国主义侵略中国的时期,他为了表示对日本帝国主义的抗议和坚决不给侵略者演戏的决心,就把胡须留起来了。

抗战爆发后,上海沦陷,梅兰芳携家逃至香港,后来香港也被日军占领了,梅兰芳为了不给日本人唱戏,留起胡子。1942年1月,香港的日本驻军司令酒井看到梅兰芳满脸的胡子,惊诧地说:"梅先生,你怎么留起胡子来了?像你这样的大艺术家,怎能退出舞台艺术?"梅兰芳回答说:"我是个唱旦角的,如今年岁大了，扮相也不好看，嗓子也不行了，已经不能再演戏了，这几年我都是在家赋闲习画，颐养天年啊！"酒井一听，十分不悦，气呼呼地走了。

日本侵略者总想逼梅兰芳演戏，三番五次威胁梅兰芳，但梅兰芳仍坚决不演。由于长期不演戏，梅兰芳就没有收入，香港的生活费很高，他的钱很快就花光了，只好又回到上海，但他还是不演。为了维持生活，他只好忍痛卖掉在北京的房子。

听说梅兰芳要卖房子，很多戏园子老板都找上门来，说："梅先生，您何必卖房子，只要您把胡子一剃，一登台，还愁没钱花？"有的甚至说：只要签订演出合同，就预支二十两黄金给梅兰芳。无论条件多么优厚，梅兰芳全都拒绝了。他宁可卖房度日，也决不在日本侵略者的刺刀下登台演出，并且对外称自己"上了年纪，嗓子坏了，早已退出舞台"。梅兰芳大师非常钟爱自己的事业，但是在日本强盗面前，宁可忍饥挨饿并且放弃自己的事业，也不给日本强盗演出，这是一颗多么爱国的心啊！

一个演员正在表演力旺盛之际，因为抵抗恶劣的社会环境，而蓄须谢绝舞台演出，连嗓子都不敢吊，这种痛苦是无法用语言来形容的。

抗日战争取得胜利的消息传来，梅兰芳当天就剃了胡须，高兴地向大家宣布："胜利了，我该登台演出了！我该登台为我们中国人演出了！"当他重新登台演出之时，来看他演出的人太多了，没有座位就站着看。大家敬佩他的高超演技，更敬佩他的民族气节。

一代享誉世界的京剧大师，一个舞台上纤弱如花的艺术家，一个生活中处处播撒爱心的使者，在面对侵略者的百般利诱时表现出来的铮铮铁骨，令每一个有血气的中国人为之动容，这就是被称为"人民艺术家"的梅兰芳！

梅兰芳大师有多么强烈的爱国主义精神啊！青少年作为祖国的未来，应努力学习，学习梅兰芳大师的爱国之心，为祖国的繁荣昌盛做出自己的贡献！

第六节 中国的莎士比亚
——曹禺

曹禺，原名万家宝，字小石，汉族，祖籍湖北潜江，生于天津一个没落的封建官僚家庭，是中国现代杰出的戏剧家，著有《雷雨》、《日出》、《原野》、《北京人》等著名作品，他一生共写过8部剧本，被称为"中国的莎士比亚"。

让中国话剧走向成熟

曹禺出生于天津一个封建没落官僚家庭，他受继母影响颇深，从小就酷爱戏剧，随继母欣赏了许多京戏、文明新戏。在南开中学读初中时，他就是南开新剧团的积极分子、骨干力量，从此开始了他漫长的艺术生涯。1926年，他第一次以"曹禺"为笔名发表了小说《今宵酒醒何处》。1930年，曹禺由南开大学政治系转入清华大学外文系，并开始阅读大量的中外文学名著，特别是古希腊悲剧以及莎士比亚、高尔基、契诃夫、奥尼尔等西方文学大师的佳作，这些知识的积累为他后来的创作奠定了坚实的文学基础。

清华大学才子曹禺在23岁时，就写出了"中国话剧走向成熟的标志"——《雷雨》。此后，他所创作的话剧《日出》、《原野》、《北京人》、《家》、《明朗的天》、《胆剑篇》等相继问世，为他赢得了广泛的社会声誉。那些内涵深刻的剧作，不仅成为迄今中国话剧文学的最高成就，也是中国话剧史上值得反复研究的丰富艺术宝藏。他长期担任院长的北京人民艺术剧院，则成为中国当代舞台最具艺术创作实力、最能体现话剧成就的艺术团体。

曹禺被称为"中国的莎士比亚"，他自幼天资聪慧，但性格孤僻，并且是个小戏迷，觉得戏剧是"一个美妙迷人的东西"。1922 年，他入读南开中学，并参加了南开新剧团。导师张彭春对他格外器重，他以扮演娜拉等角色而闻名，崭露表演才华。

1928 年，他考入南开大学政治系，翌年转入清华大学西洋文学系。1933 年毕业前夕，他年仅 23 岁，即完成了处女作《雷雨》，一鸣惊人。《雷雨》奠定了曹禺在中国话剧史上现实主义剧作家的杰出地位。沈从文说过："一个垂死的阶级的文明往往就像熟透的深秋，参天大树上每一片叶子飘零着，腐烂着，带着人类的心智一同消沉，可是，能够流传百世的文学巨著往往也在此时诞生。远看《红楼梦》，近看《雷雨》，莫不如此。"继之，他创作了《日出》和《原野》，同《雷雨》一起被称为三部曲，他的剧作标志着中国话剧的成熟。

抗战伊始，他以极高的热情投入全民奋起的热潮之中。他同宋之的合作创作了《全民总动员》，然后又抱病创作了抗战戏剧《蜕变》，被洪深列为"抗战十大名剧"之一。而他创作的《北京人》，被史学家认定是他的创作高峰之作。这是一个描写"家庭琐事"的剧本，却寓意深沉，在鲜明、生动的形象里，流露着对几千年来封建"礼教文明"的彻底否定。由他根据巴金同名小说改编的《家》，被誉为"小说改编话剧的范例"。他还翻译了莎士比亚的名剧《罗密欧和朱丽叶》。

新中国成立后，他历任中央戏剧学院副院长、名誉院长、北京人艺院长、中国剧协主席、中国文联主席等职。剧评家童道明认为，曹禺之所以是最伟大的中国话剧经典作家，是因为他的剧作能与时代一起前进，具有通过现代解读获得时代精神和永恒价值的可能性。

删改台词，精益求精

经过历史长期考验的《雷雨》是一部经典作品，从 1935 年首次公演以来至今屡演不衰、老少咸宜，它培养出一代又一代的演员、导演和观众，世界上已先后有30多个国家上演过，受到观众的欢迎与好评。1954年春天，北京人艺排演《雷雨》，这是新中国成立以后的第一次，作为剧作者和院长的曹禺，竟对台词做了比较大的删改。

第二幕，繁漪原来有这样一大段独白——

"热极了，闷极了，这里真是再也不能住的。我希望我今天变成火山的口，热烈烈冒一次，什么我都烧得干净，当时我就再掉在冰川里，冻成死灰，一生只热热地烧一次，也就算够了。我过去的是完了，希望大概也是死了的。哼！什么我都预备好了，来吧，恨我的人，来吧，叫我失望的人，叫我忌妒的人，都来吧，我在等着你们。"

这段独白一共有156个字，结果被删改成——

"热极了，闷极了，这样的生活真没法子过下去了。"

这段删改后的独白只剩下了20个字，言简意赅，真可以叫作"精益求精"了。

痴迷读书，想写大东西

抗日战争时期，曹禺先生在大后方江安国立剧专教书。他生活上不拘小节，但是酷爱读书，常常书本随身带，走路也要看书。

一个夏天，曹禺正在书桌前看书，夫人郑秀在浴缸里放好了温水，硬是把他推进浴室去洗澡。当郑秀听到里面传来了"哗哗"的水声才放心地离开。然而，过了一小时也不见曹禺走出来。

郑秀这下子可着急了，赶忙走进浴室去查看。只见曹禺根本没有脱衣服，正坐在浴缸旁的小木凳上，一只手拿着浴巾在浴缸里划水，一只手捧着一本书认真读着。当曹禺先生见到夫人以后，兴奋地说："看完了，不错，很不错！"

曹禺最后的日子里，前后在北京医院住了8年，在此期间他的灵魂深处始终没有离开过文学创作，自然主要是戏剧创作。他手边一直有好几个本子，其中有活页本、小笔记本、学生用的横格本……里边的内容很丰富繁杂，有他的断想，有日记，有人物的对话，有写出的诗，更多的是他想写的剧本之提纲等。

那段时间，他的枕头边上常常放着《托尔斯泰评传》之类的书。他看起来很是认真，很有兴致。有时，他看着、看着突然一撒手，大声说："我就是惭愧啊，你不知道我有多惭愧……我要写出一个大东西才死，不然我不干。我越读托尔斯泰越难受，你知道吗？……"

这也许就是他的临终遗言和永远的遗憾吧。

第 6 章

德艺双馨——舞动人生奇迹的舞蹈巨匠

舞蹈,是一种经过提炼、组织和美化了的人体动作艺术,比如芭蕾、现代舞等,都让我们看到了身体的柔和、舒展、动态的美。它以舞蹈动作展现人们内在深层的精神——世界细腻的情感、深刻的思想、鲜明的性格,也表达了舞蹈者的审美情感审美理想,反映了对生活的审美观。舞蹈,让我们见之忘俗。

第一节　脚尖上的舞者
——莫里哀

　　莫里哀是一位法国喜剧作家、演员、戏剧活动家，法国芭蕾舞喜剧创始人，也被认为是西方文学中最伟大的几位喜剧作家中的一位。他的喜剧在种类和样式上都比较多样化，在风趣、粗犷之中表现出严肃的态度。他主张作品要自然、合理，强调以社会效果进行评价。他的作品对欧洲喜剧艺术的发展有深远影响，在法国，他代表着"法兰西精神"。其作品已译成几乎所有的重要语言，是世界各国舞台上经常演出的剧目。

"席间芭蕾"的诞生

　　芭蕾艺术孕育在意大利，诞生在 17 世纪后期路易十四的法国宫廷，18 世纪在法国日臻完美，19 世纪末期在俄罗斯进入最繁荣的时期。

　　早在文艺复兴时期，人文主义思潮影响下的人们开始重视人本身的价值和作用，从而推动了社会的经济、科学和文化的迅猛发展。而在文艺复兴的摇篮"意大利"，王公贵族竞相把艺术作为炫耀自己权势与扩大政治影响的工具和手段，他们不惜巨资相互攀比，相互竞争，因此这一时期的文化艺术得到了空前的发展。

　　芭蕾就是在这样的一个历史背景下，在古朴的民间舞的基础上，从一种游戏性质的舞蹈开始在意大利宫廷中逐渐形成一种具有确定风格、舞步与技巧的艺术形式。那时的芭蕾作为一种简单的娱乐形式由王公贵族在各种宫廷庆祝活动和宴会上亲自表演，因此也叫"席间芭蕾"。

1489 年，米兰公爵的婚礼上演出的《宴会芭蕾》就是席间芭蕾的代表。与此同时，宫廷里出现了一种新的职业——舞蹈大师。

15 世纪末法兰西国王理查八世率军来到意大利时惊喜地发现了这种优美、豪华的"席间芭蕾"，于是法国人将芭蕾艺术连同意大利的艺术家一起"引进"到了法国。1581 年法国王后路易丝的妹妹的婚庆上演出的《皇后喜剧芭蕾》是历史上第一部大型芭蕾舞剧，此剧由意大利音乐家和舞蹈教师贝尔焦约索后改名"博洛耶"编导的。

芭蕾舞在 17 世纪成为法国宫廷生活的一个重要组成部分。路易十三、路易十四都酷爱芭蕾，并亲自参加演出，特别是"太阳国王"路易十四对芭蕾的喜爱简直到了如痴如醉的程度。他先后在 26 部大型芭蕾中担任主角，并组织了 3 位艺术大师——吕利、莫里哀和博尚专门负责芭蕾艺术的创作和演出，并形成了新的芭蕾形式"幕间芭蕾"。1661 年他下旨创办了芭蕾史上的第一所舞蹈学府——皇家舞蹈学院，开始对舞蹈训练进行规范化的研究整理工作，芭蕾舞的脚的 5 位及其手位都是那时确定下来的并一直沿用至今的。

17 世纪后半叶芭蕾艺术走出宫廷，登上了舞台，开始成为剧场艺术，首批专业芭蕾舞演员也应运而生了。但那时的女主角都是由男演员扮演的，直到 1681 年在巴黎歌剧院上演吕利的《爱情的胜利》时，芭蕾舞女演员才首次登台亮相，而扮演女主角的拉·芳登成为历史上第一位女芭蕾演员。

把自己的一生奉献给了戏剧事业

1643 年莫里哀 21 岁时走出家庭同贝雅尔兄妹等十来个青年组织了"光耀剧团"在巴黎演戏。但是演出失败，剧团负了债，莫里哀为此而被拘押起来，后来由他父亲作保获释。1645年剧团解散，但莫里哀并不因此而灰心，他又与贝雅尔兄妹一起参加另一剧团，离开巴黎，在法国西南一带一直流浪了12年。在这期间，他生活在民间，得以熟悉法国社会，了解人民生活，也学习人民所喜闻乐见的闹剧和以演技著称的意大利"即兴喜剧"，锻炼成一个出色的戏剧活动家。

1652年以后，莫里哀成为剧团的负责人，并开始创作剧本。1655年，在里昂上演了他的诗体喜剧《冒失鬼》。1656年，在贝济耶上演他的诗体喜剧《爱情的埋怨》。他的剧作受到观众的欢迎，剧团的声誉也因此而蒸蒸日上，以至名闻巴黎。1658年10月，莫里哀剧团应召来巴黎，在罗浮宫为路易十四演出，得到赏识。路易十四下令把罗浮宫剧场拨给他的剧团使用，从此以后莫里哀就一直定居在巴黎。

1659年11月，他的《可笑的女才子》上演，这是他在巴黎创作的第一个剧本，矛头指向贵族。剧本通过两个贵族青年向一对资产者出身而喜欢模仿巴黎贵族习气的外省女子求婚时的笑话，嘲笑贵族沙龙文化，也讽刺资产阶级矫揉造作、附庸风雅的丑态。戏只演了一场就被迫停演，后来经过疏通，该戏才得以重演。1661年，罗浮宫浮宫改建门廊，莫里哀失去了剧场，国王又把王宫剧场拨给莫里哀剧团使用。后来，他的喜剧全都在这里演出。

从1664年开始，莫里哀的喜剧创作进入了全盛时期，也是他反封建反教会斗争最激烈的时期。除了最著名的《伪君子》外，《唐·璜》、《恨世者》、《悭吝人》和《乔治·唐丹》等都是这时期的名剧。

传说莫里哀每写成一个剧本，都喜欢先念给他的女仆听，女仆听后总是说好。莫里哀最初认为女仆文化水平低，不过是讨主人喜欢而已。

有一次，莫里哀故意把一个写失败了的剧本念给她听，女仆立刻瞪大眼睛说："这不是先生写的！"莫里哀恍然大悟，原来女仆已经熟知了他作品的风格。

1669 年以后，莫里哀的创作发生了一些变化，在思想内容上继续发挥前一时期的主题，在艺术上则着力运用民间闹剧的艺术传统。

1673 年的一天晚上，法国巴黎剧院上演一部喜剧《无病呻吟》，担任主角的是作者本人——莫里哀。开演前，他妻子恳切地劝他说："你病得这样重，就不要登场了吧！"他回答说："这有什么办法呢？假如一天不演出，那 50 个可怜的兄弟又如何生活呢？"他忍着病痛参加了演出。剧场里座无虚席，莫里哀登场了，台下响起热烈的掌声。剧中人"心病者"是一个挂着医生招牌的江湖骗子，没病装病，而扮演的人却真正有病，经常痛苦地皱眉咳嗽，观众还以为是莫里哀表演得逼真，就热烈地鼓掌喝彩。由于咳嗽挣破了喉管，当掌声尚未平息时，他的生命已结束在舞台上了。

莫里哀去世以后，葬礼很简单，只有两个教士参加，没有任何观众，而且是在日落黄昏之后悄悄地进行。但是，不管怎样，一个伶人终于得以葬于圣地！次日，全巴黎都知道了这件事——一个伶人，没有宣布放弃他的职业，没有经过赦免他演戏、写戏的罪过居然在宗教认可的圣地上安葬了——这是他为艺术争得的荣誉。

莫里哀去世后，路易十四曾问布瓦洛，在他在位期间，是谁在文学上给了他最大的光荣？布瓦罗回答："陛下，是莫里哀。"

莫里哀把自己的一生奉献给了戏剧事业。法兰西学士院成立后，古典主义文艺理论家布阿洛被选为院士，他曾劝莫里哀放弃演丑角的行当，这样便有可能当上院士，获得当时文人的最高荣誉，但莫里哀谢绝了。最终莫里哀以自己卓越的成就，赢得了他在法国和欧洲文学史上的重要地位。

第二节　现代舞蹈的奠基人
——邓肯

　　依莎多拉·邓肯是美国著名舞蹈家，现代舞的创始人，同时她也是世界上第一位披头赤脚在舞台上表演的艺术家。邓肯生于旧金山，她因创立了一种基于古希腊艺术的自由舞蹈而首先在欧洲扬名，其后在德、俄、美等国开设舞蹈学校，成为现代舞的创始人。主要作品有根据《马赛曲》、贝多芬的《第七交响曲》、门德尔松的《春》和柴可夫斯基的《斯拉夫进行曲》改编的舞蹈，著有《邓肯自传》和《论舞蹈艺术》。

即兴而自由的舞蹈令人着迷

　　在 20 世纪初的欧美舞台上，一个身披薄如蝉翼的舞衣、赤脚跳舞的舞蹈家引起了极大的轰动。她的舞蹈是革命性的，与一直统治着西方舞坛的芭蕾舞大相径庭，充满了新鲜的创意。她的舞蹈风格即兴而自由，线条流畅又奔放热情，可以看出受到希腊古典雕刻的影响。她常常穿古希腊式的长衫，赤足表演，这种自由的形式常常令观众迷惑，但在她而言，这是舞者表达灵魂的最好方式。

　　与此同时，她的私生活充满了迷幻色彩。她以其异想天开的爱情观和婚姻观，向传统的道德观念发出挑战。曾拥有多段恋情，恋爱全凭一时的心血来潮和随时随地的心理感觉。为此，受到当时保守人士的恶意攻击。

　　作为一个舞蹈家她获得了极大成功，她成为美国现代舞蹈的奠基人，并以自己创办的舞蹈学校传播推广她的舞蹈思想和舞蹈动作,影响了世界舞蹈的发展进程。

作为一个女人,她是不幸的。她放纵自己的情欲,在男人世界中恣意游戏,但同时也被这种放纵所累。由于她的不端做法,令她倾心的男人一个个离她而去。每到这时,她便陷入迷茫的苦恼和痛楚。而给她最大的打击,是她与三位情人所生的孩子——因事故死去。

大舞蹈家邓肯的出世,才使女人真正领悟到舞蹈的原意是来源于对造物主创造了女人的首肯、赞美与感激。

邓肯凭其对舞蹈的意念,对原创性与自由的要求,以独创一格的舞蹈,结合后来女性主义者强调的个人表达和妇女主张的社会责任于一身。邓肯认为女人是万物之精华,是大地之母,她赞叹女人身体的精妙,为此创造了无与伦比的优雅的舞蹈,并找到了人体与音乐的最佳结合形式,成为现代舞蹈之母。

艺术使命在于表现生命的理想

邓肯是美国女舞蹈家、编导、教师,现代舞的先驱。1877 年生于旧金山,1927 年 9 月 14 日卒于法国尼斯。母亲是音乐教师,从小就给予她良好的音乐教育,培养了她的舞蹈志趣。邓肯 6 岁就能教小伙伴跳舞,并表现出对僵化、刻板的古典芭蕾的反感,她立志把自己的舞蹈建立在自然的节奏和动作之上,去解释和表演音乐家的作品。她不屑于为生活而去跳低级的商业化舞蹈。21 岁时她被迫去英国谋生,在不列颠博物馆潜心研究古希腊艺术。

她从古代雕塑、绘画中找到了她认为理想的舞蹈表现方式:身着长衫,赤脚,动作酷似树木摇曳或海浪翻腾。她从古典音乐中汲取灵感,追求"可以通过人体动作神圣地表现人类精神"的舞蹈。她认为:技巧会玷污人体的自然美,动作来源于自我感觉,舞蹈应该自始至终都表现生命。因此,她在伦敦的表演,使观众耳目为之一新。她像森林女神一样薄纱轻衫、赤脚起舞的形象,在整个欧洲受到人们的欢迎。邓肯数次访问俄国，她的表演对舞剧编导福金和后来的俄罗斯芭蕾舞团经理佳吉列夫都起过较大的影响，震动了俄国艺术界。

邓肯认为，舞蹈艺术来源于自然人体动作的原动力和来自大自然的波浪运动：海、风、地球的运动永远处在同一的、持久的和谐之中。她认为在自然中寻找最美的形体并发现能表现这些形体内在精神的动作，就是舞蹈的任务。她的美学思想可以归结为一句话：美即自然。邓肯认为芭蕾规范违反万有引力定律和个人的自然意志，它的每一种姿势都是一种终止，没有一种动作、姿态或节奏是连续的或可以发展的。

邓肯认为一切艺术的使命在于表现人类最崇高、最美好的理想，舞蹈家的天职就是表现艺术中最有道德、最健全、最美的事物。邓肯早期的舞蹈大多表现生之欢乐，抒情题材的作品较多。1913 年以后，她的创作转向悲壮的、英雄的题材——贝多芬、瓦格纳、柴可夫斯基的音乐，这其中有她创作和表演的最著名的作品《马赛曲》、《斯拉夫进行曲》、《国际歌》、《第六交响曲》等。

1921 年，邓肯应邀去苏联办学，同时在德国、法国设有舞蹈学校。1922 年，她与苏联诗人叶赛宁结婚，后又与之分手，到欧洲旅行，1927 年 12 月 14 日因车祸逝世。

邓肯的舞蹈作品传世甚少，她的思想、言论散见在她的自传和后人的回忆录中。她在世界观上既接受柏拉图、叔本华、尼采、卢梭，又接受惠特曼的影响，其主流具有一定的人民性和民主性。邓肯毕生从事舞蹈改革与创新，她的实践和理论对当时和后来的舞蹈艺术发展都有很大影响。

身着轻衫，赤足起舞

邓肯生于美国旧金山。她的父亲是一位诗人，母亲是一位音乐教师，邓肯是四个孩子中最小的一个。这群兄弟姐妹从小受到父母的熏陶，都热爱戏剧。可是因为家庭贫困，他们无法得到正规的艺术训练。

小时候的邓肯特别诚实，有时候她的纯真和率直甚至让人很难堪。

有一次圣诞节，学校举行庆祝大会，老师一边分糖果盒蛋糕，一边说："小朋友们，快看看，圣诞老人给你们送来了什么礼物？"

这时邓肯站起来，很严肃地说："世界上根本没有圣诞老人！"

这让老师很难把活动继续进行下去，老师有些不高兴，改口说："相信圣诞老公公的乖孩子才能得到糖果！"

"我才不稀罕糖果！"谁也没料到邓肯会这样回答。所有的孩子都哄堂大笑，现场的秩序很混乱。老师勃然大怒，罚邓肯坐到地板上。

但邓肯在舞蹈方面的天赋却是超群的。迫于生计，她6岁时就开始教小伙伴们跳舞，并和姐姐一起编创了不少优美的舞蹈。

慢慢地，随着对音乐、舞蹈和生活理解的加深，邓肯越来越想用舞蹈来表现音乐的旋律、诗歌的意蕴和自然的风韵。

21岁那年在不列颠博物馆，她潜心研究了古希腊的油画和雕塑艺术，从中找到了她认为理想的舞蹈表现方式：身着薄纱轻衫，赤脚起舞，动作酷似自然界草木的摇曳或海浪的翻腾。

邓肯认为技巧会玷污人体的自然美，动作来源于自我感受，舞蹈应该自始至终都表现生命。

一次，在伦敦的一个公共花园里，邓肯展示了她的舞姿。一位贵妇人发现了她舞姿的优美，把她介绍到上流社会表演。邓肯在伦敦的表演让人耳目一新，她森林女神般赤足、薄衫、翩翩起舞的形象，很快让她声名远播，在整个欧洲受到了热烈欢迎。

1902年，邓肯来到巴黎，并很快名扬整个巴黎。此后，她先后在德国、奥地利和匈牙利等地或游历或表演，她还到过心中的艺术圣地希腊。

渐渐地，随着邓肯舞蹈艺术越来越成熟，人们在巴黎和伦敦的一些著名舞台上，发现了一个美若天仙的形象——她的舞蹈让舞台下千百万的观众疯狂。演出结束后，观众总是像潮水般涌到舞台前方，大声呼喊邓肯的名字，诉说他们对她的爱意。

1927年9月的一天，在法国巴黎，49岁的邓肯围着漂亮的长围巾乘车出行。一阵清风吹来，围巾卷进了汽车轮子，飞旋的车轮立刻把邓肯卷了进去，带走了她美好的生命。

第三节　芭蕾舞女神
——乌兰诺娃

乌兰诺娃是苏联最负盛名的女芭蕾演员之一。她出身于舞蹈演员家庭，1919 ~ 1928 年在彼得格勒舞蹈学校学习，主要教师是她的母亲和知名舞蹈艺术家瓦加诺娃。毕业后乌兰诺娃先后在基洛夫歌剧舞剧院芭蕾舞团和莫斯科大剧院芭蕾舞团任主要演员，1962 年退休后从事排练工作。

永不满足的乌兰诺娃

1928 年乌兰诺娃在舞蹈学校毕业后，又作为职业芭蕾舞演员完成了首演剧目《天鹅湖》。她在回忆自己的首场演出时说："当我走上舞台时，我的感觉是不死不活，剧场、聚光灯、侧幕，一切都在疯狂地旋转……我没有任何想法，没有任何感觉，只有恐惧，只想努力完成一个个规定的动作，没有感觉到任何初次登台的快乐。"也许这就是每个人都有的第一次演出的紧张感吧。

乌兰诺娃对自己的艺术创作从来都是持批评态度，永远对自己不满足，正是这种严于律己的风范陪伴她走向艺术的巅峰。即使事业巅峰时，她也非常冷静，从不头脑发热。相反，她会要求自己更严格地训练，完善每一个技术和艺术动作。每次排练结束时，她的毛巾都会浸透汗水，变为水淋淋的抹布，但她从不漏过任何一场排练，总是一丝不苟地练习。

乌兰诺娃创作的舞剧《天鹅湖》中善良美丽的公主奥杰塔的形象虽然在不断完善，但是无论她自己还是导演和业内人士都还不满意，觉得缺少些什么。基洛夫剧院著名导演洛普霍夫知道个中原因，是乌兰诺娃羞涩内向的性格使她不能奔放起来，她还没有感悟到艺术的真谛。于是他不断给乌兰诺娃提供创作新角色的机会，他相信这位演员的潜质和天赋。而乌兰诺娃没有辜负他的期望，最终突破了性格障碍，成功演绎了史上最经典的《天鹅湖》。

一次排练《吉赛尔》后，乌兰诺娃因自己不能理解角色而陷入迷茫。于是，她自己乘坐汽车到皇村公园，在公园的长条木椅上苦苦思索。突然，她觉得自己开窍了：要展现一个舞台形象，重要的是要全身心地感悟，不仅要表现其外表，更要表现其内在的东西。至此，她终于实现了艺术的飞跃。乌兰诺娃非常喜欢"吉赛尔"这个角色，几乎陪伴她整个表演艺术生涯，她所塑造的"吉赛尔"成为经典，几乎达到不可超越的艺术巅峰。

乌兰诺娃是一位天生的天才芭蕾舞演员，她把一生都献给了芭蕾舞事业，创造了后人无法比拟、难以超越的辉煌。乌兰诺娃像是一个谜，一个无人能够解开的谜。俄罗斯著名芭蕾舞男演员、曾与乌兰诺娃在舞台上合作的瓦西里耶夫在回忆这位芭蕾舞女神时说："她的舞蹈里总是有一些非凡的、意犹未尽的、深不可测的东西，就像她这个人。她很少在公众场合露面，喜欢独处，没有人敢说自己了解乌兰诺娃，乌兰诺娃从不让任何人进入她的世界。她从不参与任何阴谋，不与任何人争斗，一生都坚守这个神圣的准则。"

瓦西里耶夫还说，乌兰诺娃对艺术要求非常高，"为了排演一个剧目，往往需要排练几个月。那是一个充满痛苦和愉悦的过程。一个动作往往需要无数次地重复，才能达到完美的境界，才能使手臂传神，使音乐融汇于整个身体，而这远不是可以迅速做到的。艺术的语言、舞台上的跳跃或许能够很快掌握，但是要使所有的线条都有机地联系起来，使身体与音乐融汇为一体，能够达到此境界者寥寥无几。现在与乌兰诺娃时代相比，舞蹈演员的技术水平大大提高了，但是他们往往缺少'魂'，舞者之魂，而乌兰诺娃芭蕾舞的特点恰恰在于'魂'。"

对于乌兰诺娃创造的芭蕾舞艺术形象，艺术家们给予极高的评价。

业内人士评价说："她所做的一切无非是需要的，而所有需要的，她都做得天衣无缝。"托尔斯泰在评价乌兰诺娃现象时说："她就是一个女神！"而乌兰诺娃本人对自己的艺术成就的评价是非常严格和理智的，她说："芭蕾舞演员的生活是由'应该'和'不应该'构成的。我要求自己做一切事情都要符合自己的原则，符合我全部生活的原则。那些被神秘地称之为感染力的东西，无非是辛劳和意志的结晶，是浸透着爱的脑力创作和体力付出的结果。"

她是一个纯粹的艺术者，一直引领她进步的就是精益求精、永不满足的精神，还有她朴实无华、淡然自若的心态。在如今这个生活节奏越来越快的社会，我们所需要的不就是这样一种淡然吗？

从"丑小鸭"到"白天鹅"

1910 年乌兰诺娃出生于俄国首都圣彼得堡，她的父母都是芭蕾舞演员。童年时的乌兰诺娃只想当个"男孩"或"海员"，她喜欢爬树，打水漂，尽力让石片在水面多跳几次，并不愿像父母所希望的那样，穿上尖足鞋在舞台上旋转。

除了"兴趣"外，她的形体条件也不理想——颧骨突出，身材短小，表情冷淡，被大家称为"蒙古女孩"，但后来还是被母亲送到了"天鹅起飞的地方"——芭蕾学校。

开始她大哭大闹要回家，但是日复一日、年复一年，她逐渐爱上了芭蕾并决心为之献身。周围的女孩由于条件较好，时常逃课外出游玩，而她每天坚持练功，一定要使自己的形体完美，舞技精湛。1928 年 18 岁的乌兰诺娃在基洛夫剧院举行了毕业演出，一颗璀璨的新星从此在芭蕾舞坛上冉冉升起。

平凡的仙女

毕业后，基洛夫剧院吸收乌兰诺娃为独舞演员，她的舞技渐精，声誉日隆。但乌兰诺娃没有陶醉在一片赞扬声中，依旧刻苦练功，潜心钻研。

当时，围绕芭蕾的发展道路问题曾有过一场激烈的争论，有人倾向于否定古典芭蕾。作为学院派的高才生，乌兰诺娃对此有自己的见解。在艺术上，她既尊重古典芭蕾的语言，又不断探索，寻求新的表现方法。她剔除了古典舞蹈程式化的糟粕，最大限度地发挥其美学价值，着力表现主人公复杂的心理活动。

1944 年，乌兰诺娃被调到莫斯科大剧院担任独舞，红极一时，但她依然非常谦虚，丝毫没有大明星的架子。据当时和她在一起的演员回忆说，她总是一丝不苟，无论演出还是排练，都不肯轻易放过任何一个细节……她对艺术不懈追求的精神，使所有和她一起工作过的人都心悦诚服。

在排练中，她对每个动作都精雕细刻，累得练功衣都湿透了也不休息，直到动作完成为止。有一次合乐排练，指挥想使她跳得轻松一些，将乐队的伴奏稍稍放慢了点。乌兰诺娃马上提出："为什么要放慢速度？请按照乐谱演奏。"她常说："我在表演同一造型设计时，从没想到这是第 30 次或第 40 次演出。对我来说，每场演出都是新的。"

一年春天，舞剧编导告诉乌兰诺娃将要排练舞剧《灰姑娘》。乌兰诺娃十分高兴，她一直希望扮演这个新的角色。可后来编导又通知说，领导决定让另一名演员饰演女主角，由乌兰诺娃担任替补。乌兰诺娃不但十分冷静地接受了这个决定，而且依旧尽最大努力琢磨和设计自己的角色。在合乐排练时人们看到，乌兰诺娃表演的灰姑娘是那么引人入胜！

乌兰诺娃对自己的生活要求并不高，始终保持着非常简朴的作风。当时舞蹈学校的一些学生时隔多年还清楚地记得，有一次她们在下榻的旅馆看到乌兰诺娃，只见她穿着普通的外衣，室内只有最简单的家具和一张铁床，绳子上挂着舞衣和舞鞋。学生们不由惊叹："昨天在舞台上还穿着盛装的美丽仙女，在现实生活中竟变得如此朴素而平凡，实在令人折服！"

第四节　东方的红舞鞋
——陈爱莲

陈爱莲，1939 年出生于上海，祖籍广东番禺，小时候便成了孤儿，1952 年陈爱莲从上海一心孤儿院考入中央戏剧学院附属舞蹈团学习班，1954 年考入中国第一所舞蹈学校——北京舞蹈学校，1959 年以全优成绩毕业，同年主演了中国第一部芭蕾舞与中国舞蹈相结合的舞剧《鱼美人》而一举成名，成为当时中国最年轻的舞蹈家之一。她是著名舞蹈表演艺术家、陈爱莲艺术团团长、陈爱莲舞蹈学校校长，中国歌剧舞剧院舞蹈家兼编导、教员。

认识舞蹈，追求舞蹈

1939 年陈爱莲出生于一个小康之家，父亲是当地警察局司法科科长，母亲是纺织女工。她从小便住花园洋房，上教会小学。陈爱莲人长得天生丽质，又是父母的掌上明珠，在那个战火纷飞的年代，陈爱莲的家庭环境无疑是让人羡慕的。

1948 年大年初一，陈爱莲年方 9 岁。江南的冬天湿冷湿冷的，一大早阴霾的天空里闪烁着烟花与爆竹的亮光，一声声的低响像夏日云层里的闷雷，空气中弥漫着一丝丝火药的味道。大街上，弄堂里，熙来攘往的人们相互热情地打着招呼："拜年了！拜年了！"

穿着花布棉袄的陈爱莲和妹妹听到锣鼓喧天、鞭炮齐鸣，赶忙放下手里的碗筷，来到二楼的窗前，便看到不远处的舞狮队龙腾虎跃地已经来到了自己的家门口。"陈会长，老乡给您拜年了！"一个鬓发皆白的老者，手执铜锣，仰头高声叫道。说罢，几个年轻人手忙脚乱地把一箱礼品抬进了院子。鞭炮与掌声中，爱莲与妹妹都为自己的父亲乃至家族能得到乡亲们的爱戴而感到无比骄傲和自豪，并且爱莲对这种"舞狮舞蹈"活动充满了好奇和向往。

也许这种同乡会舞狮就是陈爱莲较早接触到的舞蹈形式，古老的流风遗泽像一缕缕春风吹拂着小爱莲心中对美的追求萌芽。

一次改变命运的机缘意外地把她引上了舞蹈之路。

1952 年，中央戏剧学院附属舞蹈团学员班到上海招生。在孤儿院里，招生教员一眼便相中了陈爱莲。她面庞秀气，身段颀长，一看就是块跳舞的料。那时的陈爱莲尚不知舞蹈为何物，便懵懵懂懂地跟着招生教员来到首都北京。

从那时候起，每天早晨起床钟声一过，陈爱莲和同学们准时来到院子中间练功。起霸，趟马，在棉花包装的长凳上下腰、劈腿，在砖地上踢前、旁、十字各上百腿，过虎跳，前桥，跑圆场，颇有古人闻鸡起舞的意味。

北方的冬天寒风刺骨，即便如此，陈爱莲也是每天早上 6 点钟天还不亮就起床。由于不能戴手套，很多同学的手都冻僵了。陈爱莲也想偷下懒，停下来暖一暖。但是想起教古典舞的老师韩世昌、马祥林、侯勇奎等老前辈的教诲，"冬练三九、夏练三伏""拳不离手，曲不离口""不知苦中苦、难做人上人"等话，就格外地来了精神。

学院对舞蹈团的学员很关心，内部组织观看电影《芭蕾舞》，剧中演员都是当时苏联顶级的舞蹈演员。陈爱莲从那时起，感觉到舞蹈也能塑造人物，展开故事情节。随着优美的旋律，舞台形象有一种模糊的感觉，朦朦胧胧的美，每个人都可以根据自己的人生经历进行理解和想象，倒有一种此时无声胜有声的味道。舞蹈不单纯是一种形体美的艺术，而且还是深入人们灵魂深处的艺术。

电影结束后陈爱莲心潮起伏，灯下，她摊开日记本，激动地写下："舞蹈，我将永远做你的朋友！舞蹈，将是我一生的追求！"

1954 年，陈爱莲考入北京舞蹈学校，在这里打下了坚实的舞蹈基础。1959 年，陈爱莲因主演了中国第一部芭蕾舞与中国舞相结合的舞剧《鱼美人》而声名鹊起，那一年她仅 17 岁。她不仅上了《人民画报》的封面，她的感人事迹也在《人民画报》上一再报道，风靡全国。机缘总是垂青那些有准备的人，23 岁的陈爱莲参加了在芬兰举办的第八届世界青年联欢节，一举获得 4 枚金质奖章，成为第一位获得世界声誉的新中国培育出来的舞蹈家。

从孤儿到舞神的道路，陈爱莲经历了少年成名的辉煌，但也随之品尝了人生的酸甜苦辣。她在日志中写道："人生不如意十有八九，对人生来说，也就几十年，一晃就过去了。对一个艺术家来讲，所有折磨都是上天赐予的财富……"

对于青少年来说，我们是不是有坚持梦想的坚韧和勇气呢？面对生活中的磨砺我们只有越挫越勇，才不会辜负自己的梦想。

生命不息，舞蹈不止

1966 年以后，人到中年的陈爱莲想要开创自己舞蹈事业的"第二春"。正值文化部进行体制改革的时候，中国歌剧舞剧院也更名为中国歌舞团，陈爱莲也就成了歌舞团的一分子。当时单位排练一部主旋律舞剧《草原女民兵》，塞外劳动 3 年回来的陈爱莲热情高涨，恨不得马上投入到自己无比热爱的舞蹈事业中去。由于训练过度，陈爱莲两条小腿的肌肉先后撕裂，本该卧床休息的她生怕耽误练功，拖着疼痛的双腿坚持在排练厅里排练。

陈爱莲太想演了。她不再像当年去芭蕾舞团时那么脸皮薄了，而是亲自去找领导，结果，领导的一句话让她哑口无言，"你没有革命气质！"

　　面对这样的刁难，她毅然决定自己举办舞蹈专场表演。这一专场表演再现了她半个多世纪来的舞蹈生涯。一双停不下来的红舞鞋，在舞台上演绎着一个个生动的人物形象，使人们几乎忘记了她的真实年龄。

　　舞蹈演员吃的是青春饭，艺术生涯相当短暂。随着年龄的增加，身体的柔韧性和矫捷性都不如前，最后只能告别心爱的舞台。而陈爱莲却跳了半个世纪。对此，陈爱莲是这样诠释的："生老病死乃人生的客观规律，只是我老化的速度比较慢些。要想活得年轻，保持好的心态很重要。"

　　毕竟岁月不饶人。考虑到她的情况，每次表演前，组织方都会要求她削减难度，防止发生意外。但视舞蹈为生命的陈爱莲却每每拒绝了这种善意，为了那些热心的观众，为了不辜负那些一直支持她的那些人的厚爱，她必须跳那些高难度的剧目，如《春江花月夜》、《鱼美人》、《草原女民兵》、《吉卜赛舞蹈》、《红楼梦》。这些难度极高而又历久弥新的经典舞蹈，经她完美地演绎，成为晚会的压轴节目，获得了极高的评价。

　　功夫常在，青春不减。陈爱莲曾在新排演的舞蹈《年光》中演绎一位 18 岁少女，那苗条的体形和顾盼生辉的神态，将一位纯挚的少女描绘得惟妙惟肖。如果不是事先知道这是陈爱莲主演，根本不会看出这是一位奶奶级的演员在跳舞。在舞台上，那优雅曼妙的舞姿，青春烂漫的神色，如出水芙蓉，绽放异彩，令观众叹为观止，啧啧称奇。其中有个难度颇高的"倒踢紫金冠"动作，据舞蹈权威评价，其质量无人能及，即使是年轻演员，也不可能跳得那样完美。

　　专家说，如果跟年轻演员拼功夫，比谁的腰软，比谁蹦得高，那么一把年纪的陈爱莲必定不占优势，但别人却很难达到她几十年潜心修炼出来的那种内力，用舞蹈行话来讲，就是舞蹈的灵魂，有了舞蹈的灵魂才称得上是艺术。

　　她很少回忆往事，不靠回忆来点燃生命激情，永远向前看。此外，令她显得年轻的窍门就是常年练功，坚韧不拔。生命在于运动，虽年近七旬，但胳膊腿仍柔软无骨，身轻如燕，依然活跃于艺术舞台上，不能不说是个奇迹。

陈爱莲 74 岁高龄仍活跃在舞台上，并能独立演出整部舞台剧。

岁月如歌，曾被西方媒体赞誉为"东方舞神"的陈爱莲，在舞台上跳了 60 个春秋。对于这位屡屡打破舞蹈年龄极限的舞蹈家来说，好多人都在揣测她到底还能跳多久。陈爱莲说："使人衰老的不是岁月，而是理想和精神的失去……"为此，她践行着"生命不息，舞蹈不止"艺术生命。

第五节　中国的孔雀公主
——杨丽萍

杨丽萍，1958 年生于云南，白族人，中国著名舞蹈艺术家、中国舞蹈家协会副主席。1971 年杨丽萍进入西双版纳州歌舞团，之后调入中央民族歌舞团，并以"孔雀舞"闻名。1992 年，她成为中国内地第一位赴台湾表演的舞蹈家。1994 年，独舞《雀之灵》荣获中华民族 20 世纪舞蹈经典作品金奖。2009 年，凭借《云南映像》姊妹篇《云南的响声》获得成功，并成为中国第一个举办个人舞蹈晚会的舞蹈家。2019 年 12 月 20 日，杨丽萍当选云南省文学艺术界联合会兼职副主席。2021 年 2 月 2 日，当选中国舞蹈家协会第十一届副主席。

独创原生态的舞蹈表现形式

杨丽萍式的舞蹈风格最大胆和成功之处在于她将舞蹈中原本动态的艺术表现形式转化为静态的，而且她的舞蹈风格又大多源于自然和真实的生活。在杨丽萍的意识中，大自然是最美、最真实、最深刻的体现，通过感悟，她力争用自己朴实的语言去构架人类最美的梦想。所有看杨丽萍舞蹈的人，都会进入她构架的如诗如画的意境，都会情不自禁为她所表现出来的美动容。

1999 年元月，在西藏气候最为恶劣的季节，杨丽萍去了拉萨进行创作生活体验。在参观大昭寺时，一缕极透的阳光从屋顶泄来，射在壁画上，慢慢地在移动。杨丽萍突然眼睛一亮，旋身融入阳光之中，情不自禁地摆起来。她就是这样地酷爱着舞蹈艺术，每当杨丽萍站在舞台上，看似每一次都是在重复她自己，但每一次又都是不同的，因为她每一次的舞动，既是自然的再现，同时又是一次艺术的重生。

她在舞台上有一种深不可测的魔力，一举一动，哪怕是一个休止符，都有如微风从一泓止水上空掠过，寂静的身体里，便有了细浪追逐的声音。她让人动情于自己的感动、自己的发现，她的世界无须用人的语言便能读懂。

杨丽萍的舞很纯很纯，离现实的炊烟很远很远，却离我们心灵所渴求的东西很近很近。她的舞总是和"灵""魂"有关，借助人们熟悉的意象来表现人的内心境界、空间、梦想和意识活动等等，她的舞总给人以超然、空灵、淡泊、抒情而又自我意识强烈的印象，她是一位真正的"舞蹈诗人"。

一生酷爱舞蹈到痴迷，牺牲自己给人间美的享受，值得人民大众爱戴的舞蹈诗人！

如今的她，虽然还活跃在舞台上，可是不知不觉多了一个身份——"董事长"。而且，她自己的云南杨丽萍文化传播有限公司将在 3 年～ 5 年时间上市。"以商业运作的方式将一位艺术家的创造力和艺术价值长久地留存、传承，是我和我们公司正在进行的探索。"

独特的孔雀"巫女"

可能是因为出生于云南白族的小村庄，杨丽萍浑身散发着一种大自然的味道。她说，村子里的人都喜欢跳舞，婚丧嫁娶、种收庄稼、祭祀神灵等无不跳舞，她自然也从小跟着祖辈、父母一起跳。她喜欢观察大自然，看云朵如何变化、孔雀怎么开屏、蜻蜓怎么点水……天资聪慧的她把这些看来的美放进自己的舞蹈中，很快就成了全村舞跳得最好的姑娘。

13 岁那年，杨丽萍被云南西双版纳州歌舞团看中并招收入团。入团后，她开始了游走于云南这片土地上长达 7 年的访演生活。每次巡村访演，演员们都是自己背行囊，徒步行进。村庄之间没有路，几乎都是原始森林，演员们经常得跨过冒着热气的大象粪便，躲过乱窜的蛇、吸血的旱蚂蟥前行……每次访演的时间至少长达 3 个月，演员们跟村民们同吃同住，白天帮村民收庄稼，晚上演出。这个村子待一段时间，就接着去下一个村子演。这样，她走访了许多村落，见识了许多民族，学习了多种舞蹈。

这种"送戏上门"的经历对杨丽萍来说是宝贵的，也为她后来的艺术创作打下了深厚的基础。杨丽萍看过各个少数民族的舞蹈后很感动，她认为，作为舞蹈者的自己不应局限于只跳白族的舞蹈，而应是集各民族舞蹈的大成者。杨丽萍留一头长长秀发的原因，不仅仅是为了漂亮，而是看了佤族人的舞蹈后受的启发。佤族人把太阳奉为神灵，也崇拜由太阳照射产生的火。他们无论男女，头发都披散着，从来不剪，跳舞时用甩动长长头发的方式来表现火，以此表达对太阳神的崇敬。因此杨丽萍身上有了佤族人这一标志性的舞蹈动作元素。她看到傣族前辈毛相、"孔雀公主"刀美兰所跳的孔雀舞太美了，所以，她选择了傣族舞蹈作为自己舞蹈的主要表现方式。她吸取了两人不同风格的孔雀舞的特点及其他民族的舞蹈元素，同时加入自己的感悟，创造了独树一帜的"杨氏"孔雀舞。

1980 年，杨丽萍进入中央民族歌舞团，之后很快以"孔雀舞"闻名。可是，在这期间，杨丽萍觉得这里古板的芭蕾式训练并不适合自己，所以她毅然离开了中央民族歌舞团，回到云南继续钻研民族舞蹈。于是，她又开始了走村串寨与村民同吃同住的生活。但与原先访演的经历不同，这次是为了舞蹈调研。杨丽萍的弟子虾嘎就是在调研中发现的。哈尼族的虾嘎所住的村子没有路，因为哈尼族是居住在深山半山腰的，通往村庄的唯一道路就是一团团的大树根，人只能攀踩着树根到达村落，用杨丽萍的话说："活像电影《阿凡达》的场景，树根就是梯子，十分有趣。"

一直以来，人们将这位从深山里走出来的神秘舞蹈家称为"巫女"——一位善于用肢体说话的人。台湾及东南亚的观众更称她为"舞神"。对于这样一个宛如传递着天地自然气息的神秘使者，一个美丽动人的轻盈身影流泻出丝丝入扣的生命律动，感觉颇为惊人。

杨丽萍所舞出的纯净柔美的舞蹈，是特殊的艺术形象、特殊的灵慧气质在自然原始的人文风貌里孕育出的艺术瑰宝。初看，赞叹她的指尖细腕的微妙语言；细看，你会领悟到其舞蹈神韵中含有一份灵气；再三欣赏时，便可沉淀出一股隽永的心灵之美——生活着她和她的族人们，她们依附在大自然里。

从天地交合阴阳协调中获取灵性，致使她对于生命、爱情与死亡具有一种本能而浪漫的意识，从而使她的舞蹈艺术独辟蹊径，自成风格。她是真正的艺术家、创作者、实践者，真正独一无二至情至性的舞者。

杨丽萍给人的感觉是一个极感性的女人。她的艺术感悟力也极强，独到的艺术思维方式和真实的生活体验造就了这位个性独特的舞蹈家。

第六节　中国舞蹈之母

——戴爱莲

戴爱莲是著名舞蹈艺术家、舞蹈教育家、中国舞蹈家协会名誉主席，中国当代舞蹈艺术先驱者和奠基人之一。1930年，她赴英国伦敦学习舞蹈，曾先后师从著名舞蹈家安东·道林、鲁道夫·拉班等，后来又投奔现代舞大师玛丽·魏格曼。戴爱莲于抗日战争爆发后的 1939 年毅然回国,主要舞目有:《思乡曲》、《卖》、《拾穗女》等。解放后,戴爱莲出任第一任国家舞蹈团团长,第一任全国舞协主席,第一任北京舞蹈学校校长,第一任中央芭蕾舞团团长。

以舞报国,用肢体表达正义心声

童年的戴爱莲是在西印度群岛的特立尼达度过的。1916 年,特立尼达岛的一个三代华侨之家迎来了一个小生命,家人给她起名为爱琳·阿萨克。小爱琳的祖先是在太平天国起义后随家族一起来到这个岛国的,她的祖籍是广东杜阮,祖上实际上并不姓戴,她父亲是家中老大,别人称其为"阿大",广东人念"大"与"戴"区别不大,后来"戴"就成了她家的姓,而英文的"爱琳"译成汉文后就成了"爱莲"。这个名叫戴爱莲的小女孩,后来成为 20 世纪中国舞坛上的一位巨擘。

1930 年,14 岁的爱莲跟随母亲和姐姐一起远赴英伦,从此踏上了艰辛的专业学舞之路。先后师从著名舞蹈家安东·道林、鲁道夫·拉班等,后来又跟随现代舞大师玛丽·魏格曼和科特·尤斯学艺。戴爱莲旅居国外多年,但始终热爱祖国,心中牢记"我是中国人!"1939 年,23 岁的戴爱莲终于踏上梦寐以求的归国之路。

当卢沟桥的枪声响起时,这位以舞蹈为武器的充满革命精神的华侨姑娘,便开始了她的抗议宣言。中国的河山在日本侵略者的铁蹄下颤抖,祖国的同胞在日本法西斯的奴役下倍受蹂躏,年轻的戴爱莲的心也在流血。抗击日本侵略者的怒吼从她瘦小的身躯中迸发出来,为民族前途疾呼成为年轻的戴爱莲的心声。于是,在香港、在重庆、在桂林、在戴爱莲到过的每一个地方,她都不忘用自己的肢体语言表达自己正义的心声。

戴爱莲的心声是通过一系列家喻户晓、充满鼓劲情绪与感动情怀的舞蹈作品呈现出来的。《警醒》、《进行曲》、《哭泣的垂柳》、《卖》、《游击队的故事》、《思乡曲》、《空袭》、《东江》……一句句动作语言像一篇篇控诉的檄文,激起人们对日寇的愤怒;一支支舞蹈作品像一把把尖锐的利剑，刺向敌人的心脏。戴爱莲的舞蹈不仅感动了后方人们的心，同时也唤起了人们勇于抗战的昂扬精神。

解放后，她更是以前所未有的精力投入到祖国的艺术和教育事业。20世纪50年代，她改造和创作了来源于陕北民间舞的《荷花舞》，创作了取材于敦煌壁画的双人舞《飞天》，以其高超的编舞技法获得了巨大的成功。

此后在周总理的指示和帮助下，她创作了中国版的芭蕾舞《天鹅湖》。在多次随同周总理等国家领导人出访中，她把中国的民族舞带到了外国，也把许多东南亚国家的优秀舞蹈引入中国。

走上"传舞育人"之路

在中国，杰出女性很多，但被称为"先生"的实在不多。戴爱莲先生作为"中国现代舞之母"，她集表演、编导、教育于一身，是中国现、当代舞蹈史上有着重大贡献和影响的一代大师。

戴爱莲先生一生相继创下舞蹈界后人无法企及的多个"第一"：中华全国舞蹈工作者协会第一届主席，新中国成立后中央戏剧学院第一任舞蹈团团长，集体导演并主演了新中国第一部大型舞剧《和平鸽》，第一任北京舞蹈学校校长，第一任中央歌剧舞剧院芭蕾舞团团长，第一任中央芭蕾舞团艺术指导、顾问……她的一生，就是一部鲜活的中国现、当代舞蹈发展史的缩影。

戴爱莲为新中国的舞蹈创作做出很大贡献。她身体力行，创作出流芳百世的《荷花舞》，这是戴爱莲一生最重要的代表作。《荷花舞》取材于流传在陇东、陕北的民间舞"荷花灯"，曾有刘炽等艺术家对其进行过加工。1953年，戴爱莲以高超的编舞技法进行了再创造，以比兴的手法表现了荷花出淤泥而不染的秉性，以"盛开的荷花"象征欣欣向荣的祖国。

另一部传世之作是女子双人舞《飞天》，创作于1954年。它是中国当代第一部取材于敦煌壁画的舞蹈，追求的不是敦煌壁画的描摹再现，而是以绸带飞扬瞬间的舞姿造型和流畅、滑翔、腾跃的步伐表现翱翔天宇的一种意境——寄予人类的希冀与向往。《荷花舞》和《飞天》先后于 1953 年和 1955 年参加在柏林和华沙举行的世界青年与学生和平友谊联欢节国际舞蹈比赛并获奖，1994 年被确认为"20 世纪中国舞蹈经典作品"。

在创作和领导工作之余，戴爱莲为拉班舞谱在中国的推广立下了汗马功劳。她不辞劳苦，不舍昼夜，亲自开班教学，亲自记谱出书，为中国舞坛培养了第一批拉班舞谱的专家，成果斐然。由于成绩卓著，"国际拉班舞谱会议"特于 2004 年夏天在中国北京举行了第 22 届年会，以表彰戴爱莲为推动此项工作而做出的卓越贡献。

戴爱莲的另一个功劳是她倡导的"人人跳"。为了让舞蹈回归大众，她以毕生的经验总结出了"人人都可以快乐舞蹈"的理念，创作出适合于普通大众的舞蹈方式。这种独特的中国舞蹈形式，深受海内外普通人士的热烈欢迎。

戴爱莲，一个不倦的舞者，她的舞蹈人生伴着 20 世纪的烽烟、磨折、抗争和追求而融入历史，她的舞蹈艺术凝固着东、西方文化精髓而成为永恒。她，就是"二十世纪经典"。

想起她都是满怀感恩

著名画家叶浅予曾与戴爱莲有一段夫唱妇随整 10 年的婚姻，两人之间的不了情至今仍被后人传为佳话。1939 年，两人一见钟情，宋庆龄曾亲自当他们的主婚人。

戴爱莲曾向她的传记责编牛抒真回忆说：她和叶浅予共同走过了一段极其艰难而留有深远影响的路程，事业上互相扶持，而且，叶浅予深爱着她。当她决定和叶浅予离婚时，许多亲朋好友不能理解。谈及这一点，戴爱莲率真的解释非常简单："我希望他了解我的一切（在英国戴爱莲曾与雕塑家威利有过一段真挚的感情），而叶浅予是个大丈夫，他认为那是我个人的私事他不要知道，我等了 10 年……我们不能交流。"

牛抒真说："听到这些，我想，这破碎的婚姻可能是双方生活、文化和思维方式背景的巨大差异所致。"戴爱莲是个自我独立而又坦荡寻求知己的女性，她对爱情的追求既是完全的，又是完美的。

叶明明是前夫叶浅予与其前妻的女儿，戴爱莲一生无嗣，把叶明明视如己出。虽然在一起生活了仅仅4年，但叶明明却与她相处了61年，是戴爱莲唯一的亲人。在叶明明心中，戴爱莲是疼爱她的慈母，回忆起当年的点滴往事，她充满了感恩之情。叶明明曾回忆道："早年我年幼体弱，到达上海，他们就带我到医院做各种检查，戴妈妈还给我补充营养，什么鱼肝油、黄油、维生素啊……每天让我按时服用，尽力要让我和同龄孩子有同样的体质。睡觉时，在一个大床上，还把我放在他们中间，同睡，同起；还教我用英文说：'早上好'、'晚安'。凡是他们去参加什么活动或朋友聚会，也必带我同去，好似他们已得了一个宝贝。"

中国艺术研究院舞蹈研究所研究员、博士生导师王克芬是戴爱莲的爱徒之一，在她的心里，戴爱莲既是严师又是慈母，对学生的爱真诚而执着。她说："戴爱莲对学生的爱是无私的，从来不带任何功利色彩。她自己受过苦，总是尽最大可能帮助那些穷学生。这样的例子实在不胜枚举。先生为人率真、真诚、爱憎分明、敢爱敢恨……先生的好多学生都对她的笑容记忆深刻，80多岁的老人了，笑起来还像孩子一样纯真烂漫。"

大家一想起戴爱莲，就会充满感恩之情，可见，戴爱莲不仅在舞蹈上有着骄人的成绩，在做人方面更是为人津津乐道，是个德才兼备、值得人们敬仰的艺术家。

第 **7** 章
传递精神——树立人生信条的明星表率

近些年有很多的"追星族"，他们几近疯狂的追逐着一些歌星艺人各地演出，现在仍有很多粉丝、歌迷目光紧紧盯着自己的崇拜者。我想他们追逐的并不是那些明星的姣好容颜、外在魅力，它更有一种精神的东西在里面。很多明星本身或角色会传递给我们一种美好、正义、高大的形象，让我们从他们身上感受到一些"正能量"。

第一节　用幽默批判现实的喜剧大师
——卓别林

　　查理·卓别林是 20 世纪著名的英国喜剧演员，现代喜剧电影的奠基者，在世界范围内享有盛誉。卓别林幼年丧父，曾在游艺场和巡回剧团卖艺和打杂。1913 年，随卡尔诺哑剧团去美国演出，被美国导演 M·塞纳特看中，从此开始了他的电影生涯。1914 年，头戴圆顶礼帽，手持竹手杖，足蹬大皮靴，走路像鸭子的流浪汉夏尔洛的形象首次出现在影片《威尼斯儿童赛车记》中。这一形象成为卓别林喜剧片的标志，风靡欧美 20 余年。

用努力回报别人的肯定

　　卓别林小的时候，有一年圣诞节学校组织合唱团，卓别林由于唱功不佳落选了，他很沮丧。一天在班上，卓别林背诵了一段喜剧歌词，博得了大家的喝彩。老师说："虽然你唱得不好，但表演很有幽默的天分。"

　　后来，父亲早逝，母亲患上严重的精神病。为了生计，卓别林四处到剧院打听，希望能演上一个角色。一天，伦敦一家剧院要上演一出戏，剧院老板答应让卓别林演一个孩子的角色。演出并不成功，《伦敦热带时报》在批评该剧的同时却说："幸而有一个角色弥补了该剧的缺点，那就是报童桑米。以前我们不曾听说过这个孩子，但可以预见，在不久的将来定会看到他不凡的成就。"

　　后来，年轻的卓别林获得了一个去美国演出的机会。不巧的是，这次演出没有引起任何轰动，然而美国的《剧艺报》在谈到卓别林时说："那个剧团里至少有一个很能逗笑的英国人，他总有一天会让美国人倾倒的。"

多年后，卓别林终于成为享誉世界的艺术家。除了天才与勤奋之外，他的成功与年轻时候宽厚的社会氛围是分不开的。

对于一个人一生的成长来说，欣赏是一种必要的阳光。这一缕纤细的阳光，能使将要跌入生活暗处的人，及时得到一丝光亮的指引，获得前进的勇气，看到走向成功的希望，从而最终引领他走到明媚的未来。实际上，做到欣赏又是那么容易，只要在他们最需要的时候，能有一句肯定的话就足够了。

抓住机会，敢于去尝试

19 世纪末的一天，伦敦的一个游戏场内正在进行着一场演出，突然，台上的演员刚唱两句就唱不出来了，台下乱得一塌糊涂。许多观众一哄而起，嚷嚷着要退票。剧场老板一看势头不好，只好找人救场，谁知找了一圈也找不到合适的人。这时，一个 5 岁的小男孩儿站了出来："老板，让我试试，行吗？"

老板看着小家伙自信的眼神，便同意让他试一试。结果，他在台上又唱又跳，把观众逗得特别高兴。歌唱了一半，好多观众开始向台上扔硬币。小家伙一边滑稽地捡起钱，一边唱得更起劲儿了。在观众的欢呼声中，他一下子唱了好几首歌。

又过了几年，法国著名的丑角明星马塞林来到一个儿童剧团和大家同台演出。当时，马塞林的节目中需要一个演员演一只猫，由于马塞林的名气太大，许多优秀的演员都不敢接受这个角色，还是那个小男孩又自告奋勇地站了出来。大家都为他捏了一把汗，谁知他和马塞林配合得非常默契。

这个小男孩就是后来名扬世界的幽默艺术大师——卓别林！

在现实生活中，我们渴望一展才华的机会，早日找到人生的梦想舞台。然而，当机会来临的时候，我们常常会顾及这样或那样的问题，犹豫不决，踌躇不前，以至于错失了一个又一个实现梦想的机会，最终落得一连串的遗憾。有时候，可能我们什么都不缺，唯独缺少大声说一句"让我试试"的勇气！

将机智头脑发挥得淋漓尽致

《大独裁者》是卓别林第 79 部作品，也是他的第一部有声片。他在 1938 年开始为拍片秘密做准备。1939 年 1 月 1 日，卓别林着手编写剧本，3 个月后即告完成。同年 6 月，他公开向报界透露片子的内容。

1939 年，第二次世界大战爆发，希特勒的侵略魔爪伸向欧洲各地。这个现实生活中的独裁者听说要开拍一部公开讽刺他的影片，气急败坏地叫嚣："把那个肮脏的犹太人抓来绞死。"纳粹德国的驻美使馆向好莱坞发出通牒，威胁说，如果卓别林的拍片计划不受阻止，纳粹德国将抵制美国好莱坞的全部影片。同时，卓别林也收到许多恐吓信，扬言要处死他。但是，卓别林毫不畏惧地说："让这些狗去狂叫吧！"

1939 年 9 月 7 日，《大独裁者》正式开始拍摄。

《大独裁者》开始的名字是《独裁者》，它的改名还有一段故事呢。

卓别林带着演员前往外地拍摄外景。正当工作紧张的当儿，忽然，派拉蒙电影公司向卓别林写信说，《独裁者》这个题目原是他们的专利品，因为他们有过一个剧本，题目就叫《独裁者》。

卓别林感到事情节外生枝，很有些棘手，便派人前去跟他们谈判。谈来谈去，对方坚持不肯退让，除非将剧本的拍摄权交给他们，否则决不罢休。不得已，卓别林只得亲自找上门去，好言好语地同他们商量。可是派拉蒙公司坚持，如果卓别林不肯出让拍摄权，又要借用《独裁者》这个题目，那就必须交付 2.5 万美元的转让费，否则就要以侵犯版权罪向法院提出诉讼。

硬也不行，软也不是，感到左右为难的卓别林突然灵感爆发，机智地在《独裁者》前面添了一个字，使得派拉蒙公司勒索 2.5 万美元的计划顿时化为泡影。

原来，卓别林添上了一个"大"字。按卓别林的解释，那部电影的题目加了"大"字，成了《大独裁者》，就不是派拉蒙公司剧本所意味的一般独裁者了，两者之间有了质的区别，怎谈得上侵犯专利权呢？《大独裁者》于 1940 年 10 月 15 日正式公映，并获得了巨大的成功。

天才的素质包括机智、精敏和思想的独创性。现实生活中，我们在各种困难面前也要积极灵活地应对，不要轻易放弃自己的理想。

第二节 人类史上最成功的艺人
——迈克尔·杰克逊

迈克尔·杰克逊是美国著名歌手、唱片专辑制作人、MV 导演、舞蹈家、表演家、收藏家、慈善家、音乐家、人道主义者、和平主义者、词曲创作者、慈善机构创办人。迈克尔·杰克逊被赞誉为"流行音乐之王"，被吉尼斯世界纪录评鉴为"人类史上最成功的艺人"，他魔幻般的舞步被群星效仿。

从无名小卒向世界巨星迈进

迈克尔·杰克逊 1958 年出生于美国中部印第安纳州一个工业小城的黑人家庭中，其父亲杰瑟夫·杰克逊和母亲凯萨琳·杰克逊有 9 个孩子，迈克尔排行第 7。迈克尔的曾祖母是黑奴的后代，他的另一个远祖是印第安人。

　　杰克逊家族起初住在一间很简陋的房屋里，迈克尔的父亲在铸造厂和钢铁工厂工作，并住在工厂里，母亲凯萨琳则担任收银员，家中经济非常拮据。加里市的治安非常混乱，为了避免孩子误入歧途，父亲的管教相当严厉。迈克尔和他的兄弟姐妹们都说他们的父亲对孩子非常严格，而且经常打骂他们，在家庭暴力的阴影中成长。在一次电视采访中被问到这个情况时，迈克尔曾情绪失控哭泣起来。

　　迈克尔和他的兄弟姐妹某次因弄坏父亲吉他的弦，被要求演奏一段音乐，结果一鸣惊为天人，这使得他们父亲产生了"造星"的念头，希望他们能在音乐界有所造诣。

　　迈克尔·杰克逊 1969 年以杰克逊五人组乐队（初期称为 Jackson5）主唱身份出道。

　　1971 年，杰克逊开始了个人独唱生涯。截至 2009 年 8 月，他已在全世界销售了超过 10 亿张唱片，他的《战栗》专辑是人类音乐史上销量最高的唱片，全球销量超过 1.04 亿张（2006 年吉尼斯世界纪录）。

　　迈克尔·杰克逊一生获得过 15 个格莱美奖，26 个全美音乐奖，并在美国有 17 首冠军单曲，曾两次得到诺贝尔和平奖提名，并是极少数被迎入摇滚名人堂三次的艺人之一。单曲《战栗》的音乐录像带是全球第一支有故事内容的 MV，被誉为全世界"最伟大的音乐录像带"，并在音乐录像带的艺术性上"前进了一大步"。

　　迈克尔·杰克逊被广泛认为是 20 世纪 70 年代以来对西方流行文化影响最大的歌手，并长期保持多个国家的唱片销量纪录，同时发起多个慈善活动，并建立慈善基金会，曾多次受到西方大国政府首脑的召见，被认为是美国乃至西方国家 20 世纪 80 年代至 20 世纪 90 年代流行文化的象征人物。杰克逊长年投入慈善事业，固定资助39个慈善机构，捐款额已超过3亿美元，是吉尼斯世界纪录的"全球捐助慈善事业金额最高艺人"。

然而这些正面事迹并未受到传媒重视，反被忽略。传媒着重报道其他方面，包括他的外貌、行为等负面新闻，引起许多争议。之后他更受到两次违法的指控，虽然在经过调查后，两案因毫无第三方公正的证据皆被法院正式裁定无罪，但此事在一定程度上导致迈克尔之后的事业日益黯淡，并对其形象造成永久而巨大的误解与伤害。

成为世界流行文化的象征人物

迈克尔·杰克逊是世界流行文化的象征人物，在全世界都拥有着极高的知名度和巨大影响力。他是流行乐、摇滚乐、灵魂乐、蓝调音乐、电子音乐、嘻哈音乐、唱作型全能歌王，唱片专辑制作人、演员、导演、编剧、传记作家、画家、舞蹈家、慈善家、音乐家、艺术家、企业家、人道主义者、完美主义者、时尚引领者。

他被吉尼斯世界纪录认定为"世界历史上最伟大的艺术家"，被誉为"流行音乐之王"、"世界舞王"，是世界乐坛、演艺圈里绝无仅有和最具代表性的风云人物，从20世纪80年代起为整个现代流行音乐史缔造了一个传奇时代。1979年成年后发行的首张个人专辑《墙外》就被誉为电子音乐经典之作。

1982年发行专辑《战栗》，是世界上唯一一张总销量过亿的专辑，融合了各种音乐风格，满足了无数乐迷的喜好，涵盖流行乐、摇滚乐、嘻哈、蓝调等多种元素的天才之作，不仅突破了种族界限，而且打破了当时白人垄断流行音乐界的局面，还把正处于亚文化的黑人音乐推向主流，为后来黑人表演者的从艺之路铺下了星光大道。历史上最著名公益单曲《天下一家》正是由他与莱昂纳尔·里奇共同创作完成的。

他开创了现代MTV，把音乐视频从宣传工具转换成一种带有音乐故事情节的艺术表达形式。作为现代MTV音乐的创始人，由他创作的，被视为有着"文化、历史、艺术上的重要价值"的单曲《战栗》的音乐录像带是全球第一支现代 MTV，被誉为史上"最伟大的音乐影像"，成为第一个被美国国会图书馆收藏的 MTV，空前提升了 MTV 在现代音乐工业的地位，而《BILLIEJEAN》的音乐录影带更是使杰克逊成为历史上第一个出现在 MTV 电视台上的黑人男歌手，摧毁了商业电视台上绵延数个世代的种族隔离制度。如今现代 MTV 这种音乐形式被广泛应用，几乎遍布整个现代流行音乐界。

迈克尔·杰克逊还推广复杂的现代舞，例如机械舞和月球漫步。他特殊的音质、音色、声音、嗓音、唱腔、唱法、舞步、舞蹈，向世界各地延伸，打破了文化、种族、经济、时代的隔阂，激励与影响了无数流行乐、摇滚乐、蓝调、嘻哈的音乐爱好者。

迈克尔·杰克逊已获得格莱美终身成就奖，作为屈指可数的杰出艺术家之一，他三次入选摇滚名人堂，他还荣获了多项吉尼斯世界纪录，包括"世界历史上最成功的艺术家""一年赚钱最多的流行乐歌手""最成功的流行乐家庭"。

《战栗》是全世界销量第一的专辑，该唱片被 2006 年吉尼斯世界纪录认定销量已达 1 亿多张，其他专辑《墙外》《坏》《危险》《历史》也同样跻身世界百大畅销专辑行列。在 2006 年国际唱片工业协会公布的"全球唱片销量排行榜"中，杰克逊名列第一，全球唱片销量超过 7.5 亿张，个人拥有全球 2.15 亿张的专辑销量认证，使他成为流行音乐史上最畅销的男歌手。2012 年官方公布迈克尔·杰克逊唱片销量已接近 10 亿张。

迈克尔·杰克逊是一位杰出的音乐家、有史以来最伟大的舞蹈家，他是人类历史上声音最高的男高音之一，太空步是由他创造的，机械舞在他的努力下得到了完美的改进。

热衷慈善事业

迈克尔·杰克逊不仅在音乐事业上取得巨大成就，同时还热衷慈善事业，多年来向慈善机构捐赠巨额善款。

迈克尔·杰克逊于 1992 年成立了 HEALTHEWORLD（治愈世界）基金会。该基金会与国家橄榄球联盟、菲多利公司、国际青年人基金会、希尔顿基金会合作，在 27 届"超级杯"上联合发起了"拯救洛城"运动，为 7000 名孩子建立了 3000 个指导顾问免疫站，并为超过 7 万名青年提供了关于防止滥用药物或毒品的教育。为 20 个国家的许多儿童提供了支持和援助。

与"美国爱心"基金会共同向饱经战火的萨拉热窝儿童运去了 47 吨的食品、衣物、药品，与美国"戈尔巴乔夫基金会"合作向格鲁吉亚共和国运去了 6 万剂疫苗，两次联同英国的"圣诞儿童计划"组织把从英国募集的物品空运到了波斯尼亚共和国儿童的手中。

和前总统吉米·卡特、特纳广播网、罗纳德·麦克唐纳儿童慈善会以及一些歌手、乐队一起行动，帮助"亚特兰大计划"在一星期内将当地的免疫人口从预计的 6000 人增加到 1.7 万人，并建立了一个家庭保健追踪系统。

与"洛杉矶联合学校社区"、加州大学、南加州私立大学、"学习之星"组织，以及其他地方性非营利组织共同开展了名为"校区联盟／安适港湾"的活动，为 300 多名学生提供了众多课后学习的机会。

1985 年，迈克尔·杰克逊和莱昂纳尔·里奇共同谱写了《天下一家》，后由迈克尔·杰克逊独自填词完成，由美国 45 位歌星合唱，昆西·琼斯负责制作，旨在声援向非洲饥民捐款的大型慈善活动"美国援非"，为救援非洲饥民而义卖的唱片为非洲筹集了 5000 万美金的捐款。2001 年，911 事件发生后，迈克尔·杰克逊召集群星合作出《我还能给你些什么？》。

第三节 将"功夫"一词载入史册
——李小龙

李小龙原名李振藩，1940年出生于美国加州旧金山，祖籍中国广东顺德均安镇。他是世界武道变革先驱者、武术技击家、武术哲学家、UFC开创者、MMA之父、功夫影帝、功夫电影的开创者和截拳道创始人、华人武打电影演员，也是"功夫片"电影始祖一代武术宗师、中国功夫首位推广者、好莱坞首位华人演员。他革命性地推动了世界武术和功夫电影的发展。李小龙去世之后，他的银幕形象对全球华人依然有着巨大影响。

少年英雄李小龙

李小龙是著名的武术家、电影表演艺术家，他是第一个把中国武术推向全世界的武术家，受到全世界人民的喜爱。

李小龙小的时候很顽皮，父亲就把他从香港送到美国去读书。在大学里，李小龙除了学习，把其余的精力都放在钻研武术上。他在学校里组织了"中国功夫培训班"，经常在校园内进行训练和表演，得到了师生们的赞赏。

当时有个叫山本的日本留学生，自称是日本空手道的高手，看不起中国武术，经常向培训班的学员们挑衅。学员们都很气愤，但李小龙说："中国功夫是用来健身自卫的，不是用来打架的。"

学员们只好忍耐下去。

有一天，山本又来挑衅，说："中国功夫除了花架子，别的什么也没有。"李小龙无法忍受山本对中国武术的侮辱，就接受了他的挑战。

比武开始了，李小龙不知道对方的虚实，先是防守，山本以为李小龙害怕了，就放心地扑过来。李小龙看准空当，一拳打在山本的胸口上，山本应声倒地。山本爬起来，又张牙舞爪地冲过来，李小龙干脆利索地一脚踢在他的肋部，山本又倒下了。这一回，他彻底认输了，从此再也不敢来挑衅了。

李小龙用中国武术震慑了日本同学，也用中国武术维护了自己和祖国的尊严。

用中国功夫"征服"世界

李小龙是第一个闯入国际影坛的中国功夫巨星，他以自己特有的功夫征服了全世界的观众，为当时并不强大的中国树立了坚强不屈、自尊自爱的形象。至今，他仍是最受推崇、最被人敬佩、最令人难忘的华人明星，他那光芒四射又神秘短暂的一生，影响和激励了几代青年人。

李小龙的父亲李海泉是一代粤剧名伶。日本侵华期间，他举家从广东逃到香港，后来再往美国继续他的演艺生涯。母亲何金棠是一名欧亚混血儿。1941 年，李海泉举家回港。

在美国期间，李小龙仅 6 个月大的时候就上过银幕，这就是好莱坞的电影《金门女》，当然算不上什么演出，只是一个活道具而已，但毕竟是他演艺生涯的处女作。由于凭借父亲跟娱乐圈的关系，李小龙自 6 岁开始就有机会正式参演电影拍摄，一直至 17 岁，共参演了十多部粤语片，包括《人之初》、《人海孤鸿》、《雷雨》等。由于他的演技突出，成为香港小有名气的童星和小生。

但在学业方面，因为李小龙天性好动、逞强、任性，所以成绩不如人意。

李小龙自 13 岁正式学武，拜得咏春派掌门叶问为师。叶问是香港武术界德高望重的老前辈，首次把咏春拳由中国大陆传入香港。李小龙对武术如饥似渴，可谓废寝忘食，其间曾以咏春拳在香港校际西洋拳赛中，打败过三届冠军得主的外国人。初尝胜利的滋味，从此他更潜心苦练。李小龙除了对武术有极度狂热外，他也喜欢跳舞，曾在香港"恰恰舞"比赛中勇夺冠军。

虽然李小龙天生聪敏，但胡闹任性的恶习一直难改，四处与人"交手"，树敌众多。父亲不久命他远涉重洋，前往美国念书，希望新环境能给他带来一个新的开始。

李小龙在 18 岁的时候只身搭乘邮轮赴美，当时他身上仅带有 100 美元。他不想依靠家人或在美国的亲友援助，只想自力更生，所以在美国期间，他以半工半读的形式来生活。他曾做过折报工、餐馆的杂工等，虽然生活紧张，但他从来未疏懒于练武。

由于意识到必须充实学问才可在当地立足，他考入华盛顿州立大学。由于他一向喜爱思考，所以选取了哲学为主修科目。李小龙曾以校内的停车场为道场，开始教授咏春拳。当李小龙的武艺愈见精湛之际，他开始办正式的武馆，先后在西雅图、奥克兰和洛杉矶发展他的个人事业，并结束了还差 1 年就能毕业的大学生涯。

由于他以表演做宣传手段，曾在多所学校及美国中部巡回演出，又因为他曾有重挫空手道高手的纪录和抱打不平的事迹，这都给他带来了一点名气，然而只局限于大学内、唐人街和一些社区，此时，在美国他仍然是无名之辈。

李小龙凭着一身技惊四座的武艺慑服了很多武林人士，许多人更列入其门下，正因为这个缘故，李小龙将自己的武术领域不断扩大。同时他通过书本、录影带资料不断对武术技艺进行研究，当时他把自己的武术命名为"振藩拳术"，它融合了南北螳螂拳、蔡李佛、泰拳、击杀术等，但核心仍是咏春拳。后来经不断改良和发展，终于成为举世瞩目的"截拳道"。

《截拳道》一书脱稿后，被翻译成几个国家的文字问世，风行全世界，成为当时世界上销量最大的武术书籍之一。

"武人不文，文人不武"，文武分家，古往今来大抵如此。可李小龙却不同，他亦文亦武，每于练功之余潜心理论研究，写下了7大本武学笔记和4本著作。

李小龙初露峥嵘后，有人钦佩，有人嫉妒，又有人想把他打败以自抬身价，因而有些好勇斗狠的人就接二连三地登门挑战。此时，李小龙也想考验自己的功夫，于是来者不拒。好几个国家的拳师们，如日本空手道、韩国跆拳道、美国拳击家都纷纷向他挑战，都成了他手下败将。有一次，他受到10个空手道高手突然袭击，他在重重混战中使出浑身解数，结果将他们一一打败。他不畏名声敢于同泰国拳王察而猜公开比武，同世界空手道冠军罗礼士·罗伯华对垒。据统计，他与各国高手实战搏击有300场，并保持不败纪录。1964年，李小龙参加全美空手道比赛获冠军。

美国一些电影往往把华人写成怯弱之人，李小龙看后十分气愤。他说："美国导演总要自己扮演华人歹徒，总给扮演西洋拳的男主角所打败，我觉得十分晦气难堪。"他还认为近年来香港、台湾拍摄的武侠片渗透了许多神化色彩和西洋气味，根本失去了中国传统武术的风格和真实性。1971年，李小龙欣然接受香港电影公司聘请，拍摄电影《唐山大兄》。他说："我就是要为中国出口气，为中国武术争荣光。"

《唐山大兄》在世界各地公演后，大放异彩，惊倒四座，使世界各国观众对中国武术刮目相看。他继而又参加了《精武门》的拍摄，他不仅参与剧本创作，还亲自饰演影片中陈真这个角色，借以表现中华民族的精神气魄。影片映出后，又在世界范围引起轰动，票房卖座突破四百万张纪录。后来他自编、自导、自演的《猛龙过江》则突破五百万张纪录，震动了世界武坛，也震动了世界影坛。世界拳王阿里还专程登门拜访他，极为赞誉中国武功。

1972年李小龙自编、自导、自演了影片《死亡的游戏》，但只完成了约15分钟的武打片段，因同时与好莱坞的华纳兄弟公司达成合作协议，拍摄《龙争虎斗》，而将《死亡的游戏》暂时搁置，结果他凭着《龙争虎斗》这部国际级的电影跻身世界影坛，成为首位打入国际影坛的东方明星。

但是，在《龙争虎斗》公映前一个月，即1973年7月20日，李小龙却突然撒手尘寰，年仅32岁。其死因定为"大脑水肿"，但由于整个过程疑点颇多，而且事出突然，于是一直众说纷纭，也令他成为传奇中的人物，《死亡的游戏》更是成为他一部未完成的遗作。李小龙死后，香港电影界和武术界为他举办了盛大的追悼会。

全港武术界穿着武术服装，腰束素带参加葬礼，参加送殡人达数万人。李小龙逝世不久，美国洛杉矶开设了"李小龙博物馆""李小龙俱乐部"。在美国、英国、日本等国同时出版了纪念李小龙的杂志和特刊，还在1992年拍出影片《李小龙传》、《李小龙生平》，以纪念这位"发扬中国功夫最成功的人"。

第四节　让中国电影走向世界
——成龙

成龙，祖籍安徽，1954年生于香港特别行政区香港岛中西区，国家一级演员，大中华区影坛和国际功夫影星。成龙被韩国民众选为"中国大人物"之一，仅次于毛泽东、邓小平，高居第3名。2012年8月24日《纽约时报》评选出史上20位最伟大动作巨星，成龙荣登第一位。成龙与周星驰、周润发并称"双周一成"，他擅长功夫片，电影的谐趣风格及袁和平设计的活泼灵巧兼具杂耍性的武术动作，令成龙找到了自己在功夫片领域的发展方向。

不畏辛苦，一心学武

成龙是香港著名演员，有一身好武艺。说起成龙习武的始末，有一个这样阴差阳错的小故事。

成龙6岁的时候，父母把他送到学校读书，希望他成为一个有学问的人。但成龙天性顽皮好动，经常逃学，带领一帮小伙伴上树、爬墙、做游戏，结果，第一个学期的期末考试就有两门功课不及格，学校勒令他留级。

成龙的父亲很生气。他有个朋友开了一个武术训练班，那里的孩子训练很刻苦，父亲就带成龙去那儿受教育。到了那儿，父亲正和朋友说话，一个正在练倒立的孩子突然"咕咚"一声倒在地上，朋友立即走到那孩子面前，手中的小鞭子清脆地落在孩子的胳膊上，那个孩子马上又以头支地，恢复成倒立姿势。看到这个场面，父亲想趁机教育成龙认真读书，没想到成龙抱住了父亲的腿恳求道："我也要练武，剃光头！"

父亲一听哭笑不得，只好问他："你不怕苦？"

"不怕！"成龙很干脆地回答。

"你不怕师傅打？"

"不怕！"成龙坚决地说。

看到自己精心安排的计划落空了，父亲只好带着成龙回家了。从此，成龙一心想学武，坚决不肯再去学校，父母只好答应让成龙去练一段时间试试，如果不行，就回来好好读书。这样，成龙终于得到了练武的机会，他非但没有放弃，一练就是几十年，后来练成了一身好武功。

20世纪60年代，成龙跻身在一个戏曲班里，在那里成龙每天清早5时起床练功，一直到晚上12点为止。每天过着这样有规律的生活，每月等派救济品时，便是他们最兴奋的时候了。几十个孩子聚在一起，等红十字会的人来送救济品，救济品中有白米、奶粉等食品。孩子们排半天队等待分配给自己的食物，平常他们吃的饭是大锅饭，烧饭就由女孩子轮流负责，饭够吃，至于配菜，就得抢。

成龙在七小福（著名武术家、电影人于占元创建的戏班）时期的艺名是元楼，他们住在荔园游乐场，长期表演京剧，他们几个人一出戏里什么都做，幕后换装穿衣忙，幕前武打表演忙。此外，片场本是他们经常出入的地方，小时候演些童角、临时演员之类的，所以成龙很早就出道，成了真正的功夫良才。

20世纪70年代，成龙白天当武师，晚上回师父家睡觉。17岁那年，成龙满师的日子到了，结业那天成龙依照老例向师父下跪叩头，感谢师父的提携之恩。

1971年，成龙开始从事武师的工作，主要在著名电影公司邵氏担任跑龙套的角色。在当武师时期，他的名字是陈元龙，他专门做名演员的替身。这段时期过着风花雪月的日子，工作之余，成龙便尽情玩乐，跳舞、喝酒、上夜总会等，像其他武师一样过着没有明天的放任生活。

当武师，出生入死，出卖的是劳力，可惜地位卑微。每天等候导演来挑人，为了在众多人前被挑中，成龙常卖力演出，因而常被导演选上。在《精武门》片中成龙、元彪扮演的都是被李小龙暴揍的日本浪人，成龙还做了片末被陈真一脚踢飞撞在墙上的铃木的替身。因为他年轻，身手灵活，且勇于尝试，导演都乐意用他，有什么高难度动作都会想起他，也许就是这样成龙在一次次的摔打中练就了一身过硬的本事。

开创"成龙式"幽默

1978 年，成龙进入思远公司拍摄《蛇形刁手》，成龙把大量的喜剧元素加入了戏中，大受观众欢迎，成为当时票房最高的电影。之后《醉拳》的卖座令成龙巨星的地位更加稳固，影片把成龙活泼精灵的动态表露无遗。《醉拳》走红后，成龙便正式当起导演来，他头两部导演的作品是《笑拳怪招》、《师弟出马》，都有不错的成绩。

后来有更多的公司注意到成龙，争相请他拍戏。他自己也导演了很多优秀影片，这使他的名气大大提升，还得到最受欢迎演员、最佳导演等奖项。

成龙20世纪70年代当小生、武术指导时，正是李小龙当红的时候，李小龙在功夫片领域翻手为云，覆手为雨，开拓了功夫片的新潮流，布鲁斯·李的风潮席卷天下。流风所及之处，几乎无人不受他影响。那时，功夫片充斥市场，有数之不尽的假李小龙。直到李小龙去世后，情况也没有转变。

罗维导演是李小龙的知遇人，他是第一个找李小龙回港拍片的。说来也巧，成龙其后也投罗维门下，成为罗维继李小龙后第二个栽培的对象。罗维培养成龙，只在意把成龙塑造成李小龙接班人，没有发掘成龙自身的特质，成龙当然不甘屈居做影武者，他知道他有十年扎实的功底，不甘心被迫做别人的影子，他要打破李小龙的神话。

在吴思远、袁和平的全力经营下，《蛇形刁手》醉拳破茧而出，掀起了功夫片的又一股潮流，破了硬邦邦的李小龙风格。成龙把所有李小龙的东西都反过来，李不苟言笑，他诙谐捣蛋调皮；李正面伟大，他轻松生活；李冷漠孤僻，他亲切近人。成龙把李小龙的规律"倒行逆施"，向李开了个玩笑，使人绷紧的神经松懈下来，慢慢的，大家便倒向成龙，恢复了在电影院中寻找欢笑、松弛的欲望。

功夫喜剧渐渐成了潮流，调节了李小龙的过度阳刚的英雄主义。而第一部成龙执导的电影《师弟出马》，一反英雄片的血淋淋厮杀场面，成功从民间奇门武功中，挖掘出三十六种板凳功、扇子功、裙底脚功，代替了令人感到单调发闷的拳脚功。在当年，可是一重要的突破。

第五节　好莱坞的常青树
——凯瑟琳·赫本

凯瑟琳·赫本是美国著名女电影演员、最具传奇色彩的电影巨星。她被公认为是美国电影与戏剧界的标志性人物、好莱坞的传奇，被誉为"凯瑟琳陛下""好莱坞常青树"，保持着奥斯卡最佳女主角奖获奖数的最高纪录（四次）。12 次获得奥斯卡女主角奖提名，很长一段时间内亦是最多提名记录的保持者。美国电影学会将赫本评为"美国电影史百年最伟大的女演员"第一名。凯瑟琳·赫本也因其机敏风趣、举止高雅、桀骜不驯的个性，深受观众与影评人推崇。

具备别具一格的人格魅力

"她的人格魅力比名气更让我们纪念。你可以看到她的去世给人们带来多大冲击，不是因为她是明星，而是因为她的人品。我认为称她为美国的象征并不为过，她在银幕上塑造了那么多独立坚强的女性形象，而在银幕之下她同样为女性做出了榜样。"

——影评家蒙汀

1907 年 5 月 12 日凯瑟琳·赫本出生于康涅狄格州哈特福德一个富有而且思想开明的家庭，共有 5 个兄弟姐妹。赫本从小就性格直爽、思想开放而且行为不拘泥传统。赫本的父亲是泌尿科医生，母亲是妇女参政活动家，当时的社会环境很保守，但赫本父亲坚定不移地向社会公众宣传性病的危害性，同时赫本母亲也倡导节育，为妇女争取平等权益。

赫本从小就被鼓励勇于说出自己的想法，并且努力锻炼自己的身体。作为一个女权运动家的女儿，赫本遗传了母亲的全部个性。15 岁时的赫本留着男孩子的发型，穿着短裤奔跑在康州哈特福德市的街道，并称呼自己为"吉米"，这种假小子般的桀骜不驯几乎贯穿了她的一生。

年轻时的赫本上的是私立学校。在布林茅尔学院学习时，赫本立志做一名演员，大学时她演了不少戏。从布林茅尔学院毕业后，赫本决心要成为演员，她的母亲表示支持，母亲认为女人不该只是生儿育女做传统的家庭妇女，女人应该出来拼搏一番，在男性社会中争取到独立的一席之地。她的父亲也赞成这点，但是他不喜欢演员这个行业。尽管如此，赫本的父亲还是为女儿提供了学习声乐和表演的学费。

学成后，赫本考入巴尔的摩剧团，开始了她的演艺生涯。

在这之后，赫本以舞台剧《勇士丈夫》中的表演吸引了 RKO 电影公司星探的注意，赫本由此尝试进入电影界。1932 年与当时的巨星约翰·巴利摩尔搭档拍摄了《离婚证书》一片。电影公映之后，身材修长、气质优雅的赫本立即得到观众的喜爱。在影片《离婚证书》中，由于在片中的出色表演，她拿到了自己标出的高额片酬，并且与 RKO 公司签约。赫本的片酬都交由父亲打理，父亲因为担心演员行业不稳定，随时可能失业，拼命为女儿存钱、置产。父亲的合理投资使得赫本经济宽裕，无须为生计拍片，使她获得了更多选择权。

　　1932 年～1934 年这两年间，她主演了 5 部电影。其中第 3
部影片《清晨的荣誉》让她荣获奥斯卡最佳女主角奖，第 4 部影
片《小妇人》获得了同年奥斯卡最佳改编剧本奖，也使她获得威
尼斯电影节最佳女主角奖。这时关于她个人生活的报道和传闻也
越来越多，她不同寻常的长相和态度，以及新英格兰式的口音往
往一开始并不讨人喜欢，但很快观众便被她的天真率直所吸引，
并在最后情不自禁地为之喝彩。

　　赫本有着独特的个性，她机敏风趣，不注意形象，在生活中举止随
意，十分傲慢，因此得了个外号"傲慢的凯瑟琳"。她拒绝出演好莱坞
的影片，拒绝记者采访，在照相机前不注意外形，穿着松松垮垮，而且
不好化妆，可影迷们却为她这种反传统的行为而喝彩。

　　1934 年赫本返回百老汇，出演了舞台剧《湖》，那些鼓励她这一
行动的批评家和观众们第一批买了票，看完之后却对这场戏和赫本进行
攻击。在这种情况下，赫本只得返回了好莱坞，可事情并没有好转。
1935 年～1938 年期间，赫本只成功地主演了两部电影《爱丽丝·亚当》
和《摘星梦难圆》，赫本凭借《爱丽丝·亚当》第二次获得了奥斯卡提名，
而她的其他影片都是票房失败的作品，赫本的影片成了票房失败的标志。

　　另一方面赫本锋芒毕露的个性也引起了一些电影人的抵制，一家连
锁影院将赫本和其他几名影星列入了"票房毒药"的黑名单。雷电华公
司要求赫本出演粗糙低劣的电影，赫本愤而拒绝，并且花巨资买断了自
己与雷电华的合约。离开雷电华公司的赫本回到故乡，对自己的事业进
行自省。

　　在老家的日子里，赫本收到著名编剧菲利普·巴里发来的剧
本《费城故事》，赫本很喜欢这个故事。她极具慧眼，以独特的
胆识购买下《费城故事》舞台剧和电影版的版权。事实证明了赫
本的智慧。舞台剧《费城故事》在百老汇上演后大受欢迎，米高
梅公司想从赫本手中买下《费城故事》的电影版权，赫本提出必

须是自己主演，同时她有权挑选搭档和导演，以制片人兼主演的身份与米高梅合作。

米高梅公司同意了赫本的要求，并支付她 15 万美元。拍摄完成的电影版《费城故事》没有辜负赫本和制片方的期望，影片成为 20 世纪 40 年代好莱坞最成功的影片之一，获得奥斯卡奖等多个重量级奖项肯定，赫本也凭借此片获得第三次奥斯卡提名，一举洗刷了票房毒药的恶名声。

在这之后，赫本如法炮制，以敏锐眼光买下优秀编剧所写的剧本《年度女性》，在保证自己主演的条件下，将剧本的电影版权卖给米高梅公司。影片《年度女性》同样获得业界好评以及高票房。在拍这部影片时，她初识影星斯宾塞·屈赛，后来他们合作了 9 部影片，成为好莱坞经典荧幕情侣。

此后，赫本的事业进入稳定发展时期，在米高梅公司期间，她拥有自选剧本、搭档和导演的权利。她所拍摄的影片往往获得专业人士和观众的一致好评。

将一生演绎成一场艺术的盛宴

进入 20 世纪 50 年代，人到中年的赫本没有陷入女演员因年老色衰而导致事业萎缩的怪圈，愈加成熟的演技为赫本带来更辉煌的成就。1951 年与影星亨弗莱·鲍嘉合作的《非洲皇后》是这一时期的杰作，赫本的名字也第五次出现在奥斯卡影后的提名名单中。1955 年的《夏日时光》为赫本带来第六次奥斯卡提名，次年，赫本再接再厉，以《雨缘》一片获得第七次奥斯卡提名。3 年之后，与伊丽莎白·泰勒等合作的、由田纳西威廉姆斯名剧改编的《去夏突至》同样获得巨大成功，并让赫本第八次获得奥斯卡提名。

20 世纪 60 年代，赫本出演的影片不多，因为她把大部分精力投入到了与屈赛的恋情之中。但是，赫本并没有放弃在演艺事业上的追求，她以在尤金奥尼尔名剧改编的电影《长夜漫漫路迢迢》中出色的表演，第九次获得奥斯卡影后提名。这之后赫本离开影坛达 5 年的时间，照顾家人以及病重的屈塞。

复出后，她的第一部影片就是《猜猜谁来吃晚餐》，这也是赫本与屈赛合作的最后一部影片，屈赛在完成这部影片之后就去世了。《猜猜谁来吃晚餐》使赫本第十次获得奥斯卡提名，并且第二次获得奥斯卡金像奖。第二年赫本出演了影片《冬狮》，这使她第十一次获得奥斯卡提名，第三次获得奥斯卡金像奖。

到了 20 世纪 70 年代，赫本开始把主要精力投入到了电视电影方面，但她还继续出演了几部影片，包括《公鸡考格本》和《金色池塘》。《金色池塘》使赫本第十二次获得奥斯卡提名，第四次获得奥斯卡金像奖。

赫本晚年曾说，她这一生"过得非常精彩，非常富足，非常幸运"。这位才华卓越的女演员纵横影坛达半个世纪之久，12 次获奥斯卡奖提名，并四度摘取"最佳女主角"的桂冠。这超越好莱坞所有男女演员的殊荣使她被誉为"凯瑟琳陛下"，她的成就、她的独立人格，也使她成为极具传奇色彩的人物。

凯瑟琳·赫本是 20 世纪美国电影最有力的见证人之一，她身上的勇敢、自信、自由和率直被认为是美国的象征。

第六节　世人敬仰的"人间天使"
——奥黛丽·赫本

奥黛丽·赫本，英国著名电影和舞台剧女演员，奥斯卡影后，被世人敬仰为"人间天使"。身为好莱坞最著名的女星之一，她以优雅的气质和有品位的穿着著称。奥黛丽·赫本晚年投身慈善事业，是联合国儿童基金会亲善大使的代表人物。1992 年被授予美国"总统自由勋章"，1993 年获奥斯卡人道主义奖。1999 年，她被美国电影学会评为"百年来最伟大的女演员"第三位。

拥有纯真的形象与个性

1929 年 5 月 4 日，奥黛丽·赫本出生于比利时布鲁塞尔，本名奥黛丽·凯丝琳·赫本·拉斯顿。奥黛丽·赫本的父亲约瑟夫·维克多·安东尼·拉斯顿是英国银行家，母亲艾拉·凡·辛斯特拉是荷兰贵族后裔，袭有女男爵的封号，家族谱系甚至可以追溯到英王爱德华三世。奥黛丽·赫本 6 岁开始于英国入学，1935 年～1938 年，就读于一所位于英国肯特郡埃尔海姆乡的寄宿学校"密斯利登学校"。由于她的父亲信仰法西斯主义，与奥黛丽·赫本的母亲离婚后离开了家庭。之后赫本离开英国跟随母亲一起回到荷兰的娘家，1939 年进入安恒音乐学院学习芭蕾舞。第二次世界大战爆发，宣称中立的荷兰被纳粹占领。

为了避免她原本非常英国味道的名字招惹麻烦，她母亲篡改了她的身份文件，替她制造了一个荷兰假名艾达·凡·辛斯特拉，但是这个名字从来未被合法正式登记过。当纳粹侵占安恒后，由于谣传母亲的家族带有犹太血统，原本十分富裕的男爵家族被视为第三帝国的敌人，不但财产被占领军没收，奥黛丽·赫本的舅舅更被处决，母女俩被迫过着贫困的生活。

1948 年，赫本进入著名的玛莉·蓝伯特芭蕾舞学校学习，期间曾因缴不上高额学费而返回荷兰，并在一部宣传片中饰演一位空姐。经过数月训练，赫本被告知不适合做芭蕾舞者。面对家庭的经济压力，她转而成为兼职模特儿，并参与歌舞团演出。赫本击败多数应征者，成为音乐剧《高跟纽扣鞋》的合唱团员。由于表现突出，她还参与了另一部音乐剧《鞑靼酱》的演出。

1951 年，赫本正式成为电影演员，她参演了英国电影《天堂笑语》，此后在电影中扮演一些较次要的人物。她在《神秘客》中首次扮演配角，之后在电影《双姝艳》里施展她的舞技，同时接演另一部电影《蒙特卡罗宝贝》。为了拍摄后者的法国翻拍版《前进蒙特卡罗》，奥黛丽要到法国出外景。

演出期间，坐在台下的法国著名女作家高莱特夫人一眼认定她就是自己作品《金粉世界》中"姬姬"一角的化身，夫人邀请她到纽约好莱坞出演音乐剧《金粉世界》的女主角，开启了赫本到美国发展的机缘。同时，她还被《双姝艳》的导演推荐给威廉·惠勒，参加了新影片《罗马假日》的试镜，获得一片赞誉，从而得到这部电影的女主角角色。

1953年，奥黛丽与好莱坞名影星格里高利·派克一起主演的电影《罗马假日》正式上映，由于她的成功演绎，该片放映后迅速风靡世界。赫本在片中扮演楚楚动人的安妮公主，表现出公主高贵、优雅的气息，外貌优美脱俗，体态轻盈苗条，一头黑色短发。在那个性感金发女郎受欢迎的年代，赫本的形象却一下子吸引了观众的目光。

银幕里天真无邪的形象，使她成功地赢得了多数人的赞赏，甚至她在影片中的短发一下子成了国际流行发式。一时间，赫本成了国际知名人士，全世界都在播放她的新闻，电视台用黄金时间赞美她。

1955年奥黛丽·赫本再度获得奥斯卡最佳女主角奖提名，可惜未获奖。之后几年，她主演的《战争与和平》、《甜姐儿》、《黄昏之恋》等片都获得不错的评价，声势扶摇直上。

奥黛丽的成功是源于她精湛的演技，更是由于她纯真的形象和个性受到人们的好评和喜爱。

尽最大的努力去工作的赫本对待电影，最突出、最感人的就是她在拍摄工作中从来都相当地刻苦、认真。她说："我从来不拥有什么天赋才能，我崇拜我的工作，我尽了最大努力。"是的，她的确是这样做的。在为拍《美人鱼》试装时，为了使服装达到完美的程度，赫本在制作过程中一连几个小时地站着，纹丝不动。

在拍《修女传》时，她突然患了肾结石，但仍强迫自己起床，继续工作。她曾在大雨中一连淋上好几个小时，也曾为骑马而摔断椎骨；她曾因演戏需要学开车撞了别人的车而被告上法庭；还曾因拍摄需要花几个月耐心驯养一只小鹿，做它的代理妈妈……因为她的天赋和刻苦工作，她的演技日益纯熟精湛，也越来越得到广大观众的喜爱，甚至那些要求苛刻的影评家也对她推崇备至，授予她各种各样的电影奖。

她先后 5 次被提名奥斯卡奖，也就意味着她先后至少 5 年都进入该年度欧美影坛的五大女明星之列。她的知名度越来越大，人们给她的片酬也越来越高。1955 年拍《战争与和平》时，她的片酬高达 30 万美元，这是当时演员片酬的世界之最了。1964 年拍《窈窕淑女》时，她的片酬高达 100 万美元，成为继主演《埃及艳后》的伊丽莎白·泰勒之后第二个拿到百万片酬的女演员。

最美的"人间天使"

奥黛丽·赫本说："记住，如果你在任何时候需要一只手来帮助你，你可以在自己每条手臂的末端找到它。随着你的成长，你会发现你有两只手，一只用来帮助自己，另一只用来帮助别人。"赫本不仅外形纯美，而且内心也清洁高雅，她为人很有教养，从不摆大明星的架子。因此，演员们都很愿意与她同台演戏。

在《罗马假日》里，她与格里高利·派克的合作就十分和谐。在拍斯坦利·多南执导的《丽人行》中，她与男主角扮演者艾伯特·芬尼合作的也相当愉快。两位主角甚至有时因为在摄影机前笑得太过火而只好重拍。艾伯特情绪极好，经常讲笑话，一场戏下来，检查录音时，突然听见艾伯特说："我和奥黛丽要当导演啦！不晓得斯坦利·多南还能挣到什么钱！"自然这段录音只好剪掉重录。

　　当然也有的演员因为赫本名气太大，与她一起拍戏还有些不适应。在拍《蒂凡尼的早餐》时，和她演对手戏的是年轻英俊的演员乔治·佩帕德。他非常紧张，后来，赫本热情主动帮助他，使他消除了紧张，终于拍好了这场戏。

　　赫本的人品和艺德也是为圈中人物和广大影迷所称赞的。她拿过百万片酬，但她认为，一个演员不该由于拿过百万片酬就非拿百万不可。1966 年拍喜剧片《偷龙转凤》时，她与著名导演惠勒第三次合作，赫本十分感谢这位在《罗马假日》中启发、提拔她的恩师，主动地将片酬减为 75 万美元。

　　至于拍摄巨片《窈窕淑女》一事就更能说明问题。来自英国的歌舞演员朱莉·安德鲁丝在百老汇主演了根据萧伯纳《卖花女》一剧改编的《窈窕淑女》，十分走红。华纳兄弟公司见有利可图，创纪录地花了 550 万美元买下了该片的拍摄权。但老板华纳觉得安德鲁斯名气不大，决定换由赫本主演卖花女艾丽莎，他们认为，仅凭赫本这个名字就足以使这部电影成功。

　　凑巧的是，安德鲁斯应迪士尼影片公司之邀主演《欢乐满人间》。两部影片都获得巨大成功。但在 1964 年度评奥斯卡奖时，安德鲁斯获得最佳女主角，且《窈窕淑女》一片也获得奥斯卡史上少有的包括最佳影片在内的等八项奖，而在其中作为顶梁柱的赫本却连提名都没有。

　　个中原因有二，一是投票者们认为片中歌曲是别人配唱的，用别人的歌声来为自己配音是赫本的欺骗行为，其实赫本在自己主唱上是尽了最大努力的，他们不了解实情。二是电影界人士对在舞台上扮演艾丽莎的大名鼎鼎的安德鲁斯被弃用感到愤慨。这个消息虽然使赫本感到震惊，但她却觉得这些决定是公平的，虽然观众和影视界、评论界对《窈窕淑女》反应很好，但她认为自己在片中的表演也不尽如人意。

　　但赫本影迷们对此却愤愤不平，连安德鲁斯也公开表示："赫本应当获提名"。颁奖单位为缓和众怒，让赫本主颁本届最佳男主角奖，而该奖获得者就是在《窈窕淑女》中与赫本合作的男主角扮演者哈里森。

　　赫本对此并不耿耿于怀，她表现得大度、自信和愉快，并千里迢迢专程从欧洲拍片现场赶来颁奖，还向安德鲁斯表示祝贺，甚至事后给她送去一大束鲜花。而赫本自己则收到了一大扎慰问电报，其中有一份来自好莱坞的另一个赫本——凯瑟琳·赫本，电报中说："别为落选而烦恼，说不定哪天你会因为一个连提名都不值得的角色而获奖。"

　　广大观众十分喜爱她，在她声誉鼎盛的 20 世纪五六十年代，世界各地的影迷把她奉为"银幕女神"，对她的名作百看不厌。《罗马假日》成功后，全世界都赞美她的美貌，说她是仙女下凡，她那吊眼梢、高颧骨，迷人的、若隐若现的微笑，还有那小精灵似的下颌，都使男人女人们为之倾倒，她的一切都成了世界女性仿效的对象。